U0948287

# 只需倾听

## 与所有人都能沟通的秘密

马克·郭士顿（Mark Goulston） 著

苏 西 译

重庆出版集团 重庆出版社

版贸核渝字 (2010) 第156号

**图书在版编目(CIP)数据**

只需倾听 / (美) 郭士顿 (Goulston, M.) 著；苏西译. -- 重庆：重庆出版社，2010.12
原文书名：Just Listen

ISBN 978-7-229-02971-5

Ⅰ. ①只… Ⅱ. ①郭… ②苏… Ⅲ. ①人际交往－社会心理学 Ⅳ. ①C912.1

中国版本图书馆CIP数据核字(2010)第175665号

**只需倾听**
ZHIXU QINGTING
〔美〕马克·郭士顿 著
苏 西 译

---

出 版 人：罗小卫
策　　划：中资海派·重庆出版集团科技出版中心
执行策划：黄 河 桂 林
责任编辑：张立武
版式设计：郭 薇
封面设计：肖 杰 朱红霞

---

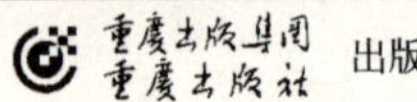
出版
(重庆长江二路 205 号)

深圳大公印刷有限公司制版 印刷
重庆出版集团图书发行有限公司 发行
邮购电话：023-68809452
E-MAIL：fxchu@cqph.com
全国新华书店经销

---

开本：787mm×1 092mm 1/16 印张：14.5 字数：222 千
2010 年 12 月第 1 版 2010 年 12 月第 1 次印刷
定价：32.00 元

---

如有印装质量问题，请致电：023-68706683

---

# 名家推荐

**基思·法拉奇（Keith Ferrazzi）**
法拉奇绿光咨询公司的创始人兼 CEO
畅销书《千万不要单独进餐》《谁在支持你》作者

## 神奇的沟通大师马克·郭士顿

经理、CEO 和销售人员经常对我讲："跟那个谁谁谁说话，简直想撞墙。"

听到这种话，我的回答是："别再用脑瓜撞墙了，去找找松动的砖块吧。"找到那块松动的砖——对方希望从你这里得到什么——你可以推倒最坚固的壁垒，以你从未设想过的方式。

因为这个，我认识了朋友兼同事马克·郭士顿。马克和人沟通的本领堪称神奇，他能跟任何人交流，比如公司 CEO、经理、客户、病人、关系不好的家庭成员，甚至劫持人质的罪犯，因为他总能找得到那块松动的砖。就和"不可能与之沟通"的人们对话而言，他是个天才。在这本书中，你就会看到他是怎么做到的。

最早，我是通过马克的著作《摆脱你的坏习惯》（*Get Out of Your Own Way*）和《摆脱你的工作坏习惯》（*Get Out of Your Own Way at Work*）认识他的。他的书籍、工作，更重要的是，他本人给我留下的印象如此之深，以至于我说动了他，把他变成了合作伙伴。他是法拉奇绿光咨询公司（Ferrazzi Greenlight）的思想领袖之一，也是深得我信任的顾问。

见过他工作的样子，我能告诉你，为什么当马克谈起沟通话题时，从FBI到奥普拉，每一个人都会竖起耳朵认真听：他的那些方法看似简单，可的确管用。

哦，可别被他那精神科医师的头衔吓倒了。他可是我所遇见过的最优秀的商务沟通人士之一。把他放到办公室里，无论那里是群雄混战，还是销售团队搞不定客户，或是公司士气和效率日渐低下，他都能解决，不但速度快得很，而且每个人都是赢家。

如果你想达到这样的境界，马克是最好不过的导师了。他睿智、风趣、友善，能启发人的灵感，还有他的那些故事——从不受欢迎的来宾到律师F.李·贝利（F. Lee Bailey，美国最杰出的律师之一，他参加过许多惊心动魄的著名案件，其中包括：山姆·谢泼德医生案、卡尔·科坡里那医生案、波士顿扼脖杀人案、帕蒂·赫尔斯特抢劫案、辛普森谋杀案等。——译者注），既趣味盎然，又蕴藏着能够改变人生的深意。所以，好好品味这本书吧，然后把你学到的极为有效的沟通技巧使出来，把生活中“不可沟通”的人变成同盟军、忠心的客户、忠诚的同事和终生的挚友。

# 权威推荐

这是一部里程碑式的著作，每一个当下或未来的领导者都应该读，更重要的是，要好好运用它。

——沃伦·本尼斯（Warren Bennis）

当代最杰出的组织理论、领导理论大师

四任美国总统顾问团成员

沟通不仅仅是把话说出来，而是要让对方听进去。马克·郭士顿为沟通赋予了全新的意义。在通向更好的倾听、关爱、指导和成就感的路途中，《只需倾听》是不可或缺的指导手册。我们感谢您，马克。

——弗朗西斯·赫塞尔本（France Hesselbein）

彼得·德鲁克基金会 CEO、《赫塞尔本论领导力》作者

这本书易读、易学，而且效果令人惊叹。

——马歇尔·古德史密斯（Marshall Goldsmith）

畅销书《魔鬼管理学》、《功成身退》作者

郭士顿这本书所言非虚。读读它，你必将发现可以让你与任何人沟通的奥秘，没错，任何人！

——马克·维克托·汉森（Mark Victor Hansen）

《心灵鸡汤》合著者之一

本书充满了生动又实用的建议，使你在每一次人际交流中都能用上。马克·郭士顿明白，沟通的真谛不在于策略和技巧，而是与人建立起有意义的情感联系。他对人类行为的洞察是真正的珠玉之见。

——史蒂文·B. 桑普尔（Steven B. Sample）

南加州大学校长、畅销书《卓越领导的思维方式》作者

对太多人来说，内省是种微不足道的素质。但在马克·郭士顿的新书《只需倾听》中，他让我们懂得了自省的威力。他告诉我们该如何审视自我，审视我们和他人的关系，而这会让我们拥有强大的洞察力，让工作和生活变得更加高效。你或许自认为是个自信又有激情的人，可别人很容易认为你傲慢又冲动。这两种印象之间的鸿沟，往往会决定成败。郭士顿写出了一本重要的著作，帮助我们在这个鸿沟上架起桥梁，磨砺我们的内省功夫。

——约翰·伯恩（John Byrne）

《商业周刊》（*BusinessWeekly*）责任编辑

一个周末，我读了这本《只需倾听》。接下来的星期一，我开始使用书中所讲的方法。从那以后我一直用到现在。我买了许多本，给美泰的资深管理团队每人发了一本，也给我长大成人的孩子们每人送了一本。

——鲍勃·埃克特（Bob Eckert）

美泰公司（全球最大玩具制造商，拥有品牌“芭比”）CEO 兼董事长

有项核心能力能让你事业人生双丰收，想掌握它吗？那就读读《只需倾听》吧。郭士顿这些简单易学的技巧威力无穷，效果也会令你惊讶。

——伊凡·R. 米斯尼尔（Ivan R. Misner）

BNI（世界最大商讯信息公司）创始人兼主席、《52 周的人脉计划》作者

在这个技术飞速发展，令人应接不暇的时代，我们很容易忘却是什么把人和人联结在一起的。马克·郭士顿提出的这些好读易懂的建议，

能够帮助读者在工作中建立起良好的人脉关系，与家人、朋友更加亲密。这本书把大脑运作原理和如何打破人与人之间的障碍、实现高效沟通结合起来，极有说服力。你会迫不及待地想要运用郭士顿提出的这些实用建议。换句话说，你只需阅读这本《只需倾听》。

——汤姆·尼尔森（Tom Nelson）

AARP（美国退休人员协会）首席运营官

如果你想要增进和家人、同事乃至整个世界的关系，你必须读读这本《只需倾听》。马克·郭士顿写出了一本杰作，它让高效沟通变得更加简单，让每一位读者的人生更加美好。你只需阅读这本《只需倾听》。

——大卫·范伯格（David Feinberg）

医学博士、MBA、加州大学洛杉矶分校医院 CEO

马克·郭士顿给我们描绘了一幅蓝图——如何与他人沟通，在生活和工作中构筑起有意义的人际关系。这显然是马克至今最重要的作品，也是每个希望提高效率的人的必读之书。

——韦恩·盖蒂耐拉（Wayne Gattinella）

WebMD(全球著名的健康医疗媒体网站)总裁兼 CEO

郭士顿医生以聪明又实用的方式告诉我们，如何运用“黄金法则”，我们希望别人怎么对待我们，就应该用同样的方式对待他人。

——迈克尔·克瑞特里（Michael Critelli）

必能宝公司（全球邮政信息管理设备及技术生产商）前 CEO 兼董事长

《只需倾听》告诉我们，重要的不在于你告诉别人什么，而在于你让别人告诉你什么。郭士顿的倾听能力真是一流，因为在“倾听的强大威力”这个话题上，这本书不仅是最优秀的，也是最易读、最有趣的一本。

——凯茜·格林伯格（Cathy Greenberg）

《幸福女人的秘密》（*What Happy Women Know*）作者

大半辈子以来，我一直认为我可以“说通”一切问题，说服任何团体。但《只需倾听》和马克的忠告帮我把倾听能力提升了一个层次。这本书会迅速成为经典，每个商业领导者都应该读它。

——贾森·加拉加尼斯（Jason Calacanis）

网络企业家，Mahalo（全球著名的人力搜索引擎）公司 CEO

在这个人人都想说话的世界里，成功的奥秘就在于倾听的艺术。有些伟大的领导者是优秀的演讲者，有些不是，可他们全都是伟大的倾听者。在本书中，马克·郭士顿解开了倾听的真正奥秘。对于商界和其他领域来说，《只需倾听》将是未来十年内最有影响的书籍之一。

——安德烈亚斯·萨彻博士（Dr. Andreas Salcher）

卡尔·波普爵士学校联合创办人

《天才儿童和他的敌人》《受伤的人类》作者

郭士顿在书中流露出的深切关爱是极少见的，而他的能力——帮我们卸掉盔甲，看见真实的自己——既是上天赐给他的天赋，亦是他赠送给我们的礼物。这本书里的声音是发自内心的。现在，该我们用心倾听了。

——乔希·维茨金（Josh Waitzkin）

《学习的艺术》（*The Art of Learning*）作者

马克的睿智见解不仅有扎实的理论基础，而且非常实用。我看过不下百本同类书，可极少有能真正运用到业务和人际关系中去的。马克跟我们分享的都是真实的话题和切实可行的解决方案。

——斯蒂芬妮·艾伦（Stephanie Allen）

梦幻晚餐公司（美国著名的食品食材提供运营商）食品部总裁

# 作者简介

**马克·郭士顿 (Mark Goulston)**

医学博士、专栏作家

畅销书《摆脱你的坏习惯》《摆脱你的工作坏习惯》作者

## 马克·郭士顿是谁？

马克·郭士顿，医学博士，全美年度最优秀的精神科医师之一，著名的商界精神科医生。在职业生涯的早期，他救治有自杀倾向和暴力倾向的病患。这让他成为警方和FBI的培训教员，传授人质谈判技巧。从这些经验中，他发展出一种惊人的沟通能力，可以与任何人对话，而他使用的这些方法构成了本书的基础。与此同时，他到病危的商界资深高管家中出诊，帮助人们解决危难时刻的争端。这些家庭成员们遂聘请郭士顿博士解决家族企业中的问题，就是在此时，他开始了跨界的职业生涯，进入商业世界。

### 沟通大师

在过去25年间，郭士顿医生与各种各样的公司展开合作，有中型企业也有位列财富1 000强的公司，有业务精专的小企业也有全国性的律师事务所和会计师事务所。他教人们学习倾听，以便与他人沟通，打破人与人之间的藩篱。这既包括组织内部，也包括组织外部——在公司内部，良好的沟通让信息流变得更透明、更通畅，行动更加敏捷灵活；

在公司外部，良好的沟通使组织在面对客户、董事会成员、股东的时候，能够缩短销售进程，高效并持续地传达公司的价值观，最终在市场上取得成功。

## 精神导师

凭借在人际关系和沟通方面的独特洞察力，再加上三十余年来的临床经验，郭士顿医生帮助个人、团队和组织发挥出最大的潜力。

他服务过的客户包括：高盛、IBM、联邦快递、施乐、埃森哲、德意志银行、彭博资讯、柯达、美林证券、富国银行、美国银行、洛杉矶地方检察官、洛杉矶警察局以及 FBI。

在加州大学洛杉矶分校著名的神经精神病学研究所，郭士顿医生任教授已达 25 年之久。2004 年、2005 年、2009 年，美国消费者研究协会推选他为全美年度最优秀的精神科医师之一。

## 畅销书作家、媒体红人

他也是畅销书作家。他的著作包括《摆脱你的坏习惯》(*Get Out of Your Own Way*)(与菲利普·戈德堡 [Philip Goldberg] 合著)、《摆脱你的工作坏习惯》(*Get Out of Your Own Way at Work*)。

他为《论坛报》(*Tribune*) 撰写“马克博士信箱”的专栏，并且为《哈佛商业评论》(*Harvard Business Review*)、《哈芬顿邮报》(*The Huffington Post*，美国著名的时政博客网站)、《快速公司》(*Fast Company*) 等杂志和博客撰稿。

他经常受到全国性的平面和电视媒体邀请，出任嘉宾，其中包括《华尔街日报》(*The Wall Street Journal*)、《财富》(*Fortune*)、《新闻周刊》(*Newsweek*)、《时代》(*Time*)、路透社 (Reuters)、美国国家公共电台 (NPR)、美国有线电视新闻网 (CNN)、福克斯新闻频道 (Fox News)、奥普拉秀 (Oprah) 以及今日秀 (Today)。

**谨以此书纪念埃德温·施耐德曼（Edwin Shneidman）**

如果你肯倾听人们的伤痛和恐惧，或是希望和梦想，它们几乎永远在那儿。当对方感觉到你在倾听，在理解的时候，他们就会对你敞开心扉。

——埃德温·施耐德曼

自杀预防领域的先驱、洛杉矶自杀预防中心创始人、备受尊敬的导师

**谨以此书献给沃伦·本尼斯（Warren Bennis）**

他是我的导师、朋友和灵感之源。他教会了我这个道理：当你“深入倾听”，真正了解到人们是从哪儿来，并且关心他们的时候，他们就更愿意接受你的引领，去往你想让他们去的地方。

**谨以此书献给读者**

因为你们，我有幸将这些重要的经验传承下去。

# 目　录

## 第 3 章　12 个简易沟通秘诀　115

这 12 个简单的秘诀，掌握起来非常容易，使用起来也只需短短几分钟，可它们能改变商业会谈、销售和感情关系的进程，甚至能够影响整个人生。你可以跟那些你认为永远不可能与之交流的人沟通了。



## 第 4 章　快速应对 7 种棘手问题　191

你现在学到的这些技巧，就好比武术中的招数，单独使用已经很有力了，但组合使用的话威力会更强大。在后面的章节中，我将给你看一些综合运用的例证（也会再教你几个新招数），解决一些常见却棘手的问题——有一个还蛮吓人的。

# 第 1 章

# 2 个沟通奥秘

有些幸运儿好像会魔法似的，能让别人认同他们的计划、目标和愿望。可在现实生活中，沟通并不是魔法。它是艺术……也是科学。而且它比你想象的更容易。

# 奥秘 1 谁劫持了你

出色的管理是一门艺术，它把问题变得如此引人入胜，把解决方案变得如此富有建设性，以至于人人都想参与进来。

—— 保罗·霍肯（Paul Hawken）

《绿色资本主义》（*Natural Capitalism*）作者

眼下，你需要跟一个人沟通，可你拿他没办法，被他气得发疯。此人或许是你的工作伙伴：你的下属、团队成员、客户或老板；也可能是你的家庭成员：伴侣、父母、不服管教的十几岁孩子、气鼓鼓的前妻或前夫。

你什么方法都试过了，你动之以情、晓之以理、威逼、恳求、发脾气，可你每次都碰壁。你抓狂、害怕、充满挫折感。你在想：“这可怎么办？”

我想让你这么办：把这想象成一次人质劫持事件。为什么？因为你没有自由。你被另一个人的抗拒、恐惧、敌意、冷漠、固执、自私、贪求给束缚住了，而且凭一己之力无法摆脱。

此时，该我出场了。

我只是一个普普通通的人：一个丈夫、父亲、医生。可很久以前，我发现自己有种特殊的本事：你把我放到任何场合里，我都能跟人沟通。我可以说服高傲的高级管理人员、气愤的员工或是自毁前程的管理团队，使其彼此合作、共赴难关；我可以跟关系一团糟的家庭或是彼此恨之入骨的夫妻坐下来一起谈心；我甚至可以改变人质挟持者和试图自杀的绝望人士的意志。

我不知道我的做法是否跟别人不一样，可我敢说，我的法子有用。我知道我不比别人聪明，也知道我的成功并非只靠运气，因为我的方法一直行之有效，而且在任何情况下，对任何人都能起作用。可它为什么会有用呢？

在分析这种方法的时候，我找到了答案。原来，我是从一种简单而快速的技巧入手的，其中有些是我自己发现的，有些是从导师和同事们那里学来的。这套技巧创造出一种"牵引力"，也就是说，它会把人们向我拉过来，哪怕这些人竭力想离开。

为了理解我的意思，你就想象自己正在开车爬一个陡峭的山坡。轮胎打滑了，没法抓牢地面。可你要是挂低速挡，就能控制它，这就好像是把地面朝你拉了过来。

绝大多数人在跟别人沟通的时候，挂的是高速挡。他们说服、鼓励，他们争论、敦促。在这个过程中，他们让对方产生了抗拒心理。但使用我的方法时，与你的做法正好相反——你倾听、提问、体察映照（mirror，作者会在后文中作详细的阐释。——译者注）对方的情绪，把你听到的话如实反馈给对方。当你这样做的时候，他们会感觉到你的关注和理解，知道你与他们感同身受。而这意料之外的"低速挡"，会把他们拉向你。

你在这本书中将学到一些威力强大的技巧，它们能迅速并轻易地（往往是在几分钟内）把对方的"不"变成"是"。我每天都使用这些方法来弥合破碎的家庭，帮助敌对的夫妻重归于好。我用这些方法挽救濒临崩溃的公司，让长期不和的经理们高效率地合作，帮助销售人员达成"不可能做到"的销售业绩。我也运用它们帮助FBI探员和人质谈判专家在最艰难、生死攸关的时刻取得胜利。

事实上，你会发现，当你要跟一个不肯听你说话的人沟通时，你所处的境地和人质谈判专家十分相似。因此，本书就从弗兰克的故事讲起。

**案例直击**

## 超市自杀事件

一个大型购物中心的停车场上，弗兰克坐在自己的车子里。没人靠近他，因为他正用一把猎枪抵着自己的喉咙。特警队和人质谈判小组被召来了。特警们在其他车辆后就位，尽量避免激怒弗兰克。

趁等待的时机,特警们掌握了背景细节。面前这个男人30出头，本来在一家大型电器商城做客户服务，由于半年前冲着顾客和同事们大嚷而丢掉了工作。之后，他去面试了好几份工作，却都未成功。因此他对妻子和两名年纪尚幼的孩子横加责骂。

一个月前,他的妻儿搬去了外地的娘家。妻子说,她需要静一静，而弗兰克需要找回状态。与此同时，房东把他轰了出来，因为他们没交房租。于是，他在差劲的地段找了个破旧的房子住下，不洗澡、不刮脸，也没有食物。停车场事件的前一天，他收到了一纸限制令，这成了压倒骆驼的最后一根稻草。

现在，首席谈判专家正冷静地对他说话。“弗兰克，我是埃文斯中尉，我要跟你谈谈，因为你除了伤害自己之外，还有别的出路。我知道你别无选择，可事情是能解决的。”

弗兰克吼道：“你知道个屁。你跟其他人没区别。你他妈的让我一个人待会儿！”

埃文斯中尉答道：“那可不行。你待在商场停车场中间，拿着枪顶着自己的喉咙，我得帮你找到其他的解决办法。”

“你他妈的滚一边去！我不需要人帮忙！”弗兰克回答。

就这样，对话进行了一个小时，间或有数分钟（或者更长）的沉默。弗兰克的个人资料传过来了，显然他不是个坏家伙，只是个方寸大乱的愤怒男人。特警队已经各就各位，若是他拿枪威胁到别人的安全，就把他“揪出来”。可除了弗兰克之外，每个人都希望此事有个平和的结局。然而，胜算看上去不大。

一个半小时后，另一位谈判专家克雷默探长到了现场。克雷默上过我给警方和FBI的谈判专家开设的训练课程。

克雷默探长听人汇报了弗兰克的背景资料和谈判进程后，他建议埃文斯中尉这样做：“我想让你这样对他说：‘你什么都试过了，觉得这是唯一的办法。我敢打赌，你觉得没人知道这是什么滋味，是不是？’”

埃文斯说："你说什么？"

克雷默重复一遍："就这样对他说：'你什么都试过了，觉得这是唯一的办法。我敢打赌，你觉得没人知道这是什么滋味，是不是？'"

埃文斯依言行事，他对弗兰克这么说的时候，弗兰克的反应也是："你说什么？"

埃文斯对弗兰克重复了一遍，这回弗兰克回答说："是，你说得对，没人知道这滋味，没人他妈的愿意管这事！"

克雷默告诉埃文斯："很好，你已经得到了一个'是'；现在你已经找到了切入点，咱们继续。"他让谈判专家问出第二个问题："嗯，每天早上起来，你都觉得事情会变得更糟。我敢打赌，你觉得没人理解这是什么滋味，是不是？"

弗兰克回答道："是啊，每一天都他妈的是这样！每天都一样！"

克雷默让埃文斯把他听到的话重复一遍，再加上一句额外的确认："因为没人知道这感觉有多糟糕，没人关心，没有一件事是顺利的。所有的事儿都不对劲，所以你坐在自己车子里，想拿枪做个了断，是吗？"

"是的。"弗兰克答道，他的声音显示出冷静下来的迹象。

"多跟我说说吧。你遇上了什么事儿？你的生活本来不错，什么事情让它变得一团糟？"埃文斯引导着。

弗兰克开始讲述他被解雇以来的遭遇。

趁他暂停的时候，埃文斯作出这样的回应："这样啊……再多跟我讲讲。"

弗兰克继续讲述自己遇到的问题。某一刻，在克雷默的指导下，埃文斯说："这一切让你很生气，是不是？让你觉得既郁闷又泄气，觉得没希望？你觉得怎么形容你的感觉最贴切呢？"埃文斯等待弗兰克说出一个最适合他感受的词语。

终于，弗兰克坦白地说道："忍无可忍。"

埃文斯接上去："所以当你拿到限制令的时候，你觉得忍无可忍了，而这件事成了转折点？"

> “嗯。”弗兰克表示同意。他的声音一度充满敌意，现在却平和多了。

寥寥数语间，弗兰克从一开始的拒绝沟通，变得肯听人说话，开始和人交流了。这是怎么回事？因为说服过程中至关重要的一步（我称之为“接纳”）开始了。就在这一步，人们从不肯听转为肯听人说话，进而开始琢磨对方的意思。

是什么让弗兰克开始听人说话，开始“接纳”埃文斯中尉说出来的东西呢？这个转变并非偶然。**秘密就在于，要把弗兰克脑子里在想却没有说出来的话说出来。**当中尉的言语符合了弗兰克的想法的时候，弗兰克加入了对话，开始说“是”。

## 说服过程

你的处境未必跟谈判专家的处境一样。但每天中，你要说服的是谁呢？

答案是：几乎你遇到的每一个人。几乎所有的沟通都是接触他人，让他们去做一些与之前所做的不一样的事情。或许，你想向他们推销某些东西；或许，你想跟他们讲讲道理；或许，你需要给他们留下深刻的印象，证明你是合适的人选，能够担起一份工作、获得晋升或是建立关系。

可挑战在于：人们有自己的需求、愿望和目的。他们有不能告诉你的秘密，而且他们有压力，忙着这样那样的事情，时常力不从心。为了缓解压力和不安全感，他们筑起心灵的藩篱。即使你的目标跟他们是一致的，你也很难说动他们，更别指望他们心怀敌意时与你进行成功的沟通了。

一味地摆事实讲道理，或是诉诸争辩、鼓励、恳求，你期待着用这些方法说服别人，可往往事与愿违。相反，你会碰钉子，而且永远也不明白为什么。（有多少次，你从销售推介会、办公会议、与伴侣或孩子的争论中败下阵来，摇摇头叹道，“活见鬼了，到底怎么搞的？”）

好消息是，你能够与人沟通，只要换换方法就行。我在本书中讲述的方法，在最为绝望的事态中为人质谈判专家所用。如果你想跟老板、同事、客户、爱人或者是叛逆期的孩子交谈，它们也一样有效。这些方法很容易掌握，能迅速见效。

这些技巧之所以威力强大，是因为它们击中了成功沟通的核心，也就是我称作“说服过程”的东西（请见图1-1）。在发现这个循环的过程中，詹姆斯·普罗察斯卡（James Prochaska）和卡洛·狄克莱蒙蒂（Carlo DiClemente）在他们的著作《跨理论模型》（*Transtheoretical Model of Change*）中提出的创见，以及威廉·R. 米勒（William R. Miller）和斯蒂芬·罗尔尼克（Stephen Rollnick）的《动机访谈》（*Motivational Interviewing*）启发了我。

一切说服过程都遵循这几个步骤。为了让人们从头至尾走过这个过程，你应当引导他们经历如下几个阶段：

- 从拒绝到肯听你说话。
- 从肯听你说话到考虑你的话。
- 从考虑你的话到愿意照着做。
- 从愿意照做到真的去做。
- 从真的去做到愉快地去做，然后继续下去。

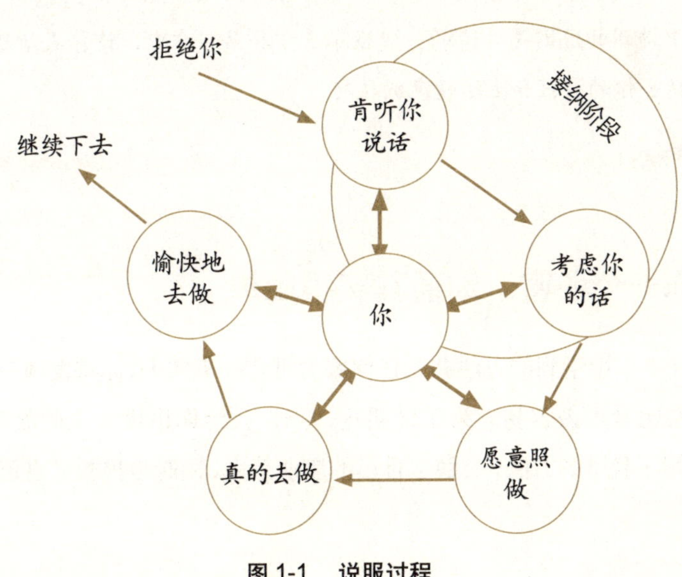


图1-1 说服过程

本书的重点、主旨和承诺，是“与任何人顺畅沟通的秘密”，就是让他们进入这个“接纳阶段”，也就是人们从“抗拒”到“肯听”和“开始考虑”你所说的话的这个阶段。

具有讽刺意味的是，进入接纳阶段及说服过程的关键之处，并不在于你告诉他们什么，而在于你让他们告诉你什么以及在这个过程中他们想些什么。

在后面的章节中，我将提出 9 条基本原则和 12 条简单快速的技巧，你可以运用它们，带领人们走过说服过程的各个不同阶段。掌握了这些规则和技巧，你就可以在职业生涯或个人生活的任何场合下运用。这些也正是我教给 FBI 探员和人质谈判专家们的东西：如何建立同理心、化解冲突、进入接纳阶段、获得想要的解决方案。等你掌握了这些方法，你就不会被别人的怒气、恐惧、冷漠或某些不可告人的目的而“劫持”了，因为你已经掌握了扭转局势的工具。

阅读这本书的时候，你会发现我给出了很多种解决方案。因为，尽管我们在很多方面类似，但做起事情来各有各的方法。我在第 2 章中讲到的规则是普适的，但在第 3 章和第 4 章中，请你灵活选择最适合你的个性和生活情况的技巧。

## 告诉你一个秘密：沟通其实很简单

你在本书中学到的方法并无任何魔力可言。事实上，你将发现一个秘密：沟通其实比看上去容易。为了说明这一点，我给你讲讲大卫的故事，这位 CEO 运用了我讲的方法，破解了自己的职业危机，同时也挽救了自己的家庭。

案例直击

## 正确措辞的强大力量

大卫的专业能力没话说，可他过于严厉，十分专断。公司的首席技术官辞了职，理由是“虽然热爱公司，却受不了这个老板”。员工们故意表现得很差劲，借此报复大卫。投资方认为他傲慢唐突，于是否决了投资决定。

董事会请我过去，看看大卫这个人是否还有救。和他初次见面的时候，我十分怀疑这一点，但我知道，我得努力跟他交流。

大卫和我讨论他的管理风格的时候，我灵光一闪，问了一句：“你家里的情况如何？”

他答道：“你这问题挺有意思。”我问为什么，他答道：“我儿子 15 岁了，人很聪明，可懒得很。我用尽方法，但都不管用。他的成绩一塌糊涂，可我太太就宠他。我爱儿子，可我快要受不了他了。我们带他作过评测，他有点学习或注意力方面的问题。老师想帮他，可他怎么都不肯听。我认为他是个好孩子，可我真不知道该怎么办才好。”

凭着直觉，我教了大卫几招快速沟通技巧，让他在办公室和家里试一试。我们商量好一周之后再碰面，可只过了 3 天，我就收到他的留言：“郭士顿医生，请您一旦有空就给我电话。我有些事必须跟您谈谈。”

我心想，“老天啊，出了什么事儿了？”然后给他回了电话。他接电话的时候，声音十分激动，让我大吃一惊。

“医生，”他说道，“我觉得您拯救了我的人生。”

“怎么回事？”我问道。他回答说：“我完全按照您教我的法子做了。”

“你跟董事会和下属谈过了？”我问，“你是怎么……”

他打断了我。“没，我还没跟他们谈。是我儿子。我回到家，到他房间里去，跟他说我需要跟他谈谈。然后我对他说，‘人们总跟你说你很聪明，却没把聪明用对地方。我敢打赌，你觉得没人知道听到这种话是什么滋味，是不是？’他的泪水涌上来了，跟你预测的一模一样。”

大卫继续说，“我接着说了您教我的第二个问题：‘我敢打赌，有时候你希望自己没这么聪明，那我们就不会对你期望这么高，而且还总说你不够努力，是不是？’他哭了起来……我的眼睛也湿了。然后我问他，‘你感觉有多糟？’”

大卫继续哽咽着说下去：“他几乎没法说成句。他说，‘越来越糟糕，我不知道还能忍受多久。我一直让每个人失望。’”

大卫说，此时他自己也哭了出来。“你这么难受，干吗不告诉我？”他问儿子。对我讲述后面发生的事情的时候，大卫的声音里饱含着痛楚：“我儿子停止了哭泣，用气愤和怨恨的眼神看着我，这情绪他必定积压了好多年，他说，‘因为你不想知道。’他说得对。”

“你接下来是怎么做的呢？”我问。

“这种时候我不能让他一个人待着。”大卫说，“所以我跟他说，‘咱们要把这问题好好解决掉。同时，我打算在你做作业的时候，把笔记本电脑搬过来，坐在你床上工作，陪着你。你心情这么糟糕的时候，我决不能让你孤零零地待着。’这几天来，我们每天晚上都这样待在一起，我觉得他的心情和我们之间的关系都开始出现好转了。”

大卫顿了一下，说，“您帮我躲过了一劫啊，医生。我该怎么谢您呢？”

我答道：“用跟你儿子谈话的方法，去跟公司的人谈谈吧。”

“您的意思是？”他问道。

“你让儿子把积郁抒发出来了，”我说，“你这样做的时候，他把表面看不到的、但实际发生的事情告诉了你，而你处理得棒极了。公司里有一大群人：从董事们到管理团队，对你的看法跟你儿子对你的看法一模一样，他们也需要把郁积的、对你的不满抒发出来。”

大卫安排了两次会议，一次和董事会，一次和高管团队。他对两边说了同样的话。他神色严峻地开了头:"我要告诉大家的是,我真的非常失望……"听到这话,两边的人们都绷直了神经,准备迎接一场责骂。"……我非常失望,我竟然对大家那么凶,不肯听大家的建议,而你们一直在保护着公司和我本人,免受我的破坏。过去我不愿意听,但现在我想倾听你们的声音。"

大卫继续跟大家分享了他和儿子的故事。他总结说,"我请求你们再给我一次机会,因为我认为我们能把问题解决掉。如果大家能再一次提出建议,我会认真听,并且在你们的帮助下,找出方法来执行这些建议。"

董事会和管理团队不仅给了大卫一次机会。他们站起身来,给了他热烈的掌声。

这个故事说明什么? **正确的措辞有无比强大的治愈力量。**在大卫的事例中,区区几百个字挽救了他的工作、他的公司,还有他的父子关系。

但是,此处还有一个心得。看看这一节中的两个故事,你会发现,克雷默探长和大卫运用相同的方法达到了不同的目的。克雷默探长让一个深受困扰的人走出自杀的困境,而大卫则让自己免遭解雇,并且修复了家庭中的裂痕。这些方法,以及你将学到的其他方法之所以威力强大,是因为这个事实:它们几乎适用于所有人、所有事。

为什么一套简简单单的沟通工具,却拥有如此普适的力量?这是因为,尽管我们的人生经历和碰见的问题各不相同,但我们的大脑工作方式是相似的。下一节中,我们将会快速地看一看,为什么我们的脑子会"接纳"或"排斥",为什么在与一个难以沟通的人沟通时,我们需要直接与"大脑"对话。

# 奥秘 2 大脑为何会从说“不”到说“是”

两人交谈时会发生什么？这的确是最基本的问题，因为一切说服过程都从这里开始。

——马尔科姆·格拉德威尔（Malcolm Gladwell）

《引爆点》（*The Tipping Point*）作者

我是按照医生的思路来想问题的，所以起草这一节的初稿时，我画出了大脑各部分的解剖图，来解释大脑的工作原理。完稿后，我拿给编辑艾伦看，我以为她会说：“哇，真了不起。”

艾伦飞快地扫了一眼，看完了跟大脑相关的部分，然后毫不留情地说：“真恶心。”

我明白她的意思。这本书的绝大多数读者不关心什么神经元、神经传导、灰质和白质之类的东西。如果你属于这类人，只想知道该如何跟别人沟通，才不想知道沟通过程中对方脑子里的动静呢。

可问题是，如果你明白大脑是如何从“抗拒”转向“接纳”的，你就有了大大的胜算。这是因为，不管你想传达的讯息是什么，你讲话的对象都是大脑。因此，我会向人质谈判专家、CEO、管理人员、父母，还有每一个需要跟难以对付的家伙沟通的人们，讲一点儿关于大脑的科学知识。

然而，我听取了艾伦的睿智建议，修改了初稿，删掉了大脑示意图和干巴巴的解剖学知识。那我留下了什么呢？我留下了三个最关键的概念。试图让对方接纳你的话时，这几条概念能让你看穿对方脑海里在想些什么。弄明白这三条：分成三部分的大脑、杏仁核劫持、镜像神经元，你就掌握了与人沟通时所需的一切脑科学知识。

## 分成三部分的大脑

你有几个脑子？这个问题蛮唬人的，因为答案不是一个，而是三个（如果你上过大学生物课，你多半知道答案）。

你的大脑分为三层，它们经历了数百万年的进化：最基本的“爬虫”层、较为进化的“哺乳动物”层以及最外面的“灵长动物”层。它们彼此有关联，但实际上常常独立运作，就像三个不同的脑子一样，而且彼此之间时有冲突。以下就是你这三个脑子的行为表现：

- 最底层的“爬虫”脑，就是那个主管“是战还是逃”的部分。这部分脑子只负责行动和反应，没有多少思考成分。危机面前，它也会让你变得傻愣愣的，就像夜路上被车灯照到的鹿那样。
- 中层的“哺乳动物”脑是你的情绪基地。（就叫它“内在的戏剧皇后”吧。）强烈的情绪，比如爱、欢乐、悲哀、愤怒、悲痛、妒忌、愉悦等等，都是从这里产生的。
- 最外层的“灵长动物”脑，就像《星际迷航》（*Star Trek*）里的斯巴克先生（Mr. Spock，美国著名科幻系列电影《星际迷航》中的主角之一，父亲是瓦尔肯星人，母亲是地球人。瓦尔肯星人崇尚理智，摒弃情感。——译者注）：这个部分会辩证地分析局势，然后得出清晰的行动计划。这个部分的大脑从“爬虫”脑和“哺乳动物”脑那里获取数据，进行筛选和分析，然后形成可操作的、聪明的、符合伦理道德的决定。

随着进化，新形成的脑区并不会抑制旧的部分。相反，它们像树上的年轮一样，新的区域会把原先的覆盖掉。中层覆盖了底层，最外层又覆盖了中层，但这三层对你每天的想法和行为均有影响。

在很小程度上，这三层脑子会相互协作。然而在更大程度上，它们倾向于各自为政，尤其是我们面临压力的时候。压力一来，“爬虫”脑和“哺乳动物”脑开始接管，人类思考的大脑黯然失色，于是我们的大脑功能切换到了原始状态。

和别人沟通的时候，这些知识有什么作用呢？很简单，当你跟人交流的时候，你需要和此人的高级脑子对话，而不是蛇脑子或老鼠脑子。如果你试图让一个处于生气、挑衅、失望或受威胁状态的人接纳你，你就有麻烦了。因为在这些情形下，此人的高级脑子根本不管事。如果你在跟一个受低层脑或中层脑控制的老板、客户、配偶或孩子说话，你就相当于在跟一条逼到角落的蛇对话，最多也只是只歇斯底里的兔子。

在这种情况下，成功的关键点完全在于：你要把对话从“爬虫”级提升到“哺乳动物”级，再到人类级别。这个方法我会在后文中教给你。但现在我们来看看，为什么原始的大脑会抹杀这么多世纪以来的进化成绩，出来掌权。问题的关键就在于一个叫做“杏仁核”的脑部区域。

## 杏仁核劫持

杏仁核是大脑深层的一个小区域，察觉到威胁的时候，它就会快速采取行动。好比说，在一个幽暗的停车场，有个陌生人向你走近的时候。这种威胁不一定都是身体上的，挑衅的话语、财务上的恐慌以及对你自尊心的挑战都能激起它的反应。

当你觉察到威胁的时候，大脑的额叶，也就是负责逻辑思考的那个部分，也会警觉起来。然而，这个更高级的脑区想要对威胁作出分析，可你不一定有这个时间。因此，你的身体授权杏仁核启动开关，要么把脉冲导向额叶，要么把脉冲转移开。

有时候，当你真的特别惊恐的时候，杏仁核会立即关闭高级脑区，导致你按照原始直觉行动。但大多数时候，杏仁核会审时度势，然后再采取行动。为了理解这个过程，你可以把杏仁核想象成炉台上装满水的平底锅。用小火烧这锅水，它会慢慢地咕嘟好几个小时。但是，如果你把火开到最大，水最终会剧烈地漫溢出来。大脑里的反应也是一样，如果你的杏仁核保持在微微沸腾的状态，没到溢出来的程度，你仍可使用高层脑区，因此你可以暂停下来，思考、权衡，最后作出明智的选择。然而，要是你的杏仁核到了暴沸阶段，一切就全完了。

我们把这个剧烈沸腾的阶段称作"杏仁核劫持"，这个名词是由情商之父、心理学家丹尼尔·戈尔曼（Daniel Goleman）最先提出来的。这种说法很形象，因为在那个时刻（不好意思，我暂时要采用另一个比喻），你大脑中那位聪明敏锐的飞行员，也就是额叶不再起掌控作用了。相反，小蛇在驾驶飞机。你的推理能力急速下降，记忆开始磕磕绊绊，压力荷尔蒙淹没了你的系统。接下来的数分钟内，剧增的肾上腺素不让你清晰地思考，而这个效用要几个小时后才能消散。戈尔曼无疑对这个概念十分钟爱，因为当你遭遇此情况，你的情商早就飞到九霄云外去了。

如果你企图跟一个陷入上述状态的人摆事实或讲道理，你就是在浪费时间。但是，如果你在杏仁核尚未到达沸点的时候干预进来，那么此人的高级脑子还能发挥作用。（这好比在煮水的时候加把盐进去，这样水的沸点就提高了，它可以经受更多的热量而仍然保持微沸状态。）

在我教给你如何对付气愤、害怕或满心抗拒的人的方法中，有不少干的就是上述的事情：防止杏仁核劫持的状态出现。当你这么做的时候，你就可以面对人类的大脑讲话，对方就能听得进去你的话了。

厄尔·伍兹（Earl Woods）是一位防止杏仁核劫持状态出现的专家。他是高尔夫球名将泰格·伍兹 (Tiger Woods) 的父亲。厄尔·伍兹可能是史上最优秀的父亲，当然他也是最伟大的教练之一。

如果你也打高尔夫，你就会知道，心理状态对球技有巨大的影响。绝大多数高尔夫选手在感到压力的时候，杏仁核会开始"剧烈沸腾"，动作就会失常。但泰格不是这样。看看他在压力下的表现，你会发现，他不会变得焦虑，而是变得异常镇定，更加聚精会神。因此，当其他选手从感到压力进而焦虑，再到动作失常时，而泰格则从感到压力转为警觉，再到沉着镇定。

然而，就连泰格也会在不顺的时候遭遇杏仁核劫持。我最爱的体育故事发生在 1997 年美国大师赛上，第一轮的开场九洞赛上，泰格打了个 40 杆。

那是他第一次在重要赛事中以职业选手的身份出场，他的状态（还有大脑）开始不对劲了。显然，他慌乱地找到父亲，说了句大意为“我不知道怎么回事”的话。

父亲停顿了一下，当泰格望向他的时候，他深深地看了儿子一眼，说：“泰格，这些你都经历过，做你需要做的事就行了。”

那一刻，泰格不仅找回了状态，而且以 12 杆的优势赢得了比赛，成绩低于标准杆 18 杆，这两项记录至今无人能及。父亲在恰当的时机只用了寥寥数语，就阻止了杏仁核劫持的发生，并且把一个潜在的灾难变成了体育史上最伟大的胜利之一。

## 镜像神经元

同事的手被锋利的纸划破的时候，你会缩一下；电影里的英雄俘获了美女的芳心，你会欢欣鼓舞。这是因为，在那一瞬间，这些事就像发生在你身上一样。从某个角度来说，确实如此。

数年前，科学家们在研究猕猴前额叶皮层的时候发现，当猴子扔球或吃香蕉的时候，这些神经细胞会兴奋起来。可令人惊讶的是，当这些猴子看到另一只猴子干这些事的时候，这些细胞也会兴奋起来。换言之，当 1 号猴子看到 2 号猴子扔球的时候，1 号猴子大脑里的反应就像是它自己刚扔了球似的。

科学家们最初把这些细胞昵称为“猴看猴做”神经元。后来，他们把名字改成了镜像神经元，因为这些细胞使猴子们在脑海中“镜像映照”出了其他猴子的举动。

新名字更为确切，因为我们发现人类和猕猴一样，也有这种像镜子一样，能够映照对方的感受的神经元。事实上，研究表明，这些非凡的细胞很可能是人类同理心的基础。这是因为，它们让我们“进入另一个人的心灵”，让我们暂时体察到那个人的感受。在 2007 年刊登在 *Edge* 杂志的一篇名为《自我意识的神经学》的文章中，镜像神经元研究领域的一位先锋人物 V.S. 拉玛钱德朗（V.S. Ramachandran）这样评论道：“我把它们称为‘同理心神经元’，因为它们消解了自我和他人之间的屏障。”

简言之，这些细胞或许是大自然让我们关爱他者的一种方式。但是，如果从另一个角度来看镜像神经元，新的问题产生了。为什么当别人对我们和善又体贴的时候，我们会泪盈于睫？为什么当别人理解我们的时候，我们心里会涌起温暖的感觉？为什么一句简单的“你还好吧”，会让我们感动不已？

我的理论——由我的临床发现作佐证：是我们时常“镜像映照”这个世界，顺从它的需求，努力赢得它的爱和嘉许。每次当我们这样映照外部世界的时候，心中就会涌起一点相应的渴望，想要世界也对我们有所响应，映照回来。如果这种渴望没有得到满足，我们就会产生一种感觉，我称之为“镜像神经元接受匮乏”。

不难想象，在当今世界，这种匮乏感会演变成深深的痛楚。与我协作的很多人，从 CEO 到管理人员，到闷闷不乐的夫妻，再到深陷抑郁的患者，都觉得自己已经付出了最大的努力，却日复一日地只换来冷漠和敌意，或者（可能是最糟的）根本就得不到任何回应。我认为，这种匮乏感解释了一个现象：为什么当别人体察到我们的痛苦或是认可我们的胜利时，我们的感受会那么强烈。正是因为这一点，在我教给你的许多最有效的方法中，都讲到了让你去映照体察他人的情感，哪怕你并不认同这些情感。

以下是我的一段亲身经历，它证明这个方法拥有多么惊人的力量。故事的主人公叫做杰克，是个极其聪明的妄想症患者，我多年前诊治过他。在来找我之前，杰克已经看过了四位精神科医生。

**案例直击**

## 关照心灵的孤独

“咱们谈话之前，”一上来杰克就说道，“我得告诉你，住在我家楼上的人整夜不停地吵，弄得我都快疯了。”说这话的时候，他的嘴角露出一丝讥讽的微笑，看起来怪怪的。

“你肯定气坏了吧。”我充满同理心地回答他。

杰克淘气地笑了，就像我掉进了他挖的陷阱似的，他说道：“噢，我忘了告诉你，我住的是顶层，楼里没门能通到屋顶。”然后他带着得意的笑容看着我，就像一个想招惹观众的喜剧演员。

我心里想："哈，我可以说'然后呢？'，结果引起他的抵触情绪。我可以说'多跟我讲讲，'结果让他陷入更深的臆想细节里去。我可以说'我敢肯定，那声音对你来说相当真实，可你内心深处知道那不是真的'……可前四位医生多半说过相同的话。"

然后我问自己，"哪样对我更重要？做个冷静客观的专业人士，再给他作一次现状核查吗？（我的同行肯定给他做过了。）还是尽力帮助他，哪怕不管事实真相是什么？"

我决定采取后一种行动。带着这个结论，我把我认为的真相搁到一边，非常真诚地对他说："杰克，我相信你。"

听到这话，他看着我，停顿了一下。然后，令我惊讶的是，他哭了起来，那哭声就像饥饿的野猫在夜里嚎叫。我心想，这可捅了马蜂窝了。我怀疑自己的做法是否正确，可我还是任由他大哭。几分钟过去，他的哭声渐轻，转为啜泣。终于，他停止了哭泣，用袖子擦擦眼睛，拿了张纸巾擤了擤鼻涕。然后他再度看着我，看上去好像轻了十磅，好似他刚刚放下一个沉重无比的负担。他给我了一个灿烂的、会心的微笑。"这听上去是挺疯狂的，不是吗？"

对于他刚刚发现的事情，我俩相视而笑，而他迈出了病情好转的第一步。

是什么让杰克开始放弃自己的疯狂？因为他感受到了我的体察和映照。在他的人生经历中，这个世界需要他作出镜像映照，并且同意它的规则。这规则可能是一位医生的话："你需要治疗。"也可能是精神科医师的话："你知道这些都是幻觉，不是吗？"在这种场景中，这个世界总是清醒的、正确的，而杰克总是疯狂的、错误的。而疯狂和错误，是个孤独无比的地狱。

我精确的体察和映照让杰克感到没那么孤独了。孤独感减轻后，他感受到了一点解脱感。因为有了解脱感，他在精神上得以放松下来。因此，他很感激，怀着这种感激的心情，他开始愿意向我敞开心扉，愿意和我合作，而不是对着干。

除非你是个精神科医师，否则在你的日常生活中，不大可能会与很多患有妄想症的精神病患者打交道。但是你每天要与很多“镜像神经元接受匮乏”的人们相处，因为他们付出了，可这个世界没有回馈。（我猜，这大概是全人类共有的问题。）**理解他人的渴望，并作出回应，这将是你能发现的最强有力的沟通工具之一，有了它，你将可以与工作和生活中遇到的任何一个人对话。**

在很多人在场的情况下，满足人们想要得到体察和映照的渴望，也能取得很好的成效。我想起了 20 年前发生的一件事。我看到一个低调的、甚至有点平淡的演讲者，不但和 300 人的听众产生了交流，而且比另一位充满魅力的演讲者更为吸引人，后者的个性可比前者强势得多。

那是一场为期两天的精神疗法研讨会，日程排得满满的，效率很高。会上安排了两位演讲人，分别来自加拿大和英国，两人都是这个领域的佼佼者。他们两人都要发言，给听众播放诊疗病人的录像带，然后组织发问和研讨。

初看上去，两人的分别很明显。来自加拿大的演讲者姿态强势、重点明确、风格硬朗，说的东西让人很容易听得进去。相比之下，第二位演讲人尽管讲得也很清楚，较为冷静、低调，一派英国人作风，但是想要集中注意力听他讲，需要费点力气。

但这两天内发生了件奇怪的事。加拿大演讲者就像个正准备起飞的波音 747 大客机，而英国那家伙更像个双引擎的轻巧小飞机，翩然准备降落。加拿大人的热切使得每场演讲都超了时，侵占了接下来的休息时间。于是会议工作人员缩短了休息时间，催促我们赶快回去，准备听下一场。大量听众开始疲劳，看着手表，茶歇时间过得匆匆忙忙。可加拿大人对这一切置若罔闻。他要把他想说的说完，不管有没有人听，有没有人在意。

相比之下，英国演讲者在演讲开始会轻敲话筒，询问后排的听众是否能听清他的声音。听众的注意力明显分散的时候，他也能敏锐地感觉到。这时，他做出了一个镜像映照的举动（在我记忆中，这算是最戏剧化的一个例子了），而且是当着大批人的面。他在话说到一半的时候停下来，然后说：“大家现在听得够多的了，咱们休息一会儿吧，10 分钟之后再回来。”

起初，这做法好像有点出格，可到了会议末尾，听众显然“离弃”了那位魅力十足、却只顾自己的加拿大人，开始深深地感激并倾听那位愿意精确体察听众感受的英国人。那位英国医生赢得了全场人的心，而且不费吹灰之力。

## 从理论到行动

我在本节中讲到的脑科学知识需要加上一个星号标注：它并非适用于每一个人。在极少数情况下，你会碰到陷在爬虫脑或哺乳动物脑里的人，无论你如何尽力去帮助他们，他们也不能理性地思考。（许多这样的人，但不是全部，是被列入有“精神疾患”的群体的。）你也会碰到一些人，根本不在乎你是否体察他们的情绪。因为他们是反社会者或自恋狂，只想让你按照他们的想法做事。因此，本书也介绍了对付霸王型和混球型人物的方法。

然而，几乎所有情况下，你遇到的人都愿意被人触动，如果你能够打破那道藩篱的话。他们修筑起篱笆，是为了免遭伤害，不被他人掌控。在后面的章节中，我将告诉你如何有效地映照这些人的情感，把他们重新引领到更高层面的思考过程中去，防止他们出现杏仁核劫持现象。这一切只需要运用几条简单的法则。我还会告诉你，如何让你自己的大脑处在受控状态，这样你就可以保持冷静，说出正确的话，而不是在重压下崩溃。

掌握了这些方法之后，你会感到惊讶，原来和人沟通是这么容易啊。而且你也会惊讶于它给你的工作、人际关系和生活带来的变化。

# 第2章

# 9条核心沟通法则

这个部分里讲到的是9条基本法则，一旦你掌握了这些法则，你就会知晓与任何人沟通的奥秘，任何人——无论是在工作中，还是在家庭里，或是在人生的各个阶段你遇到的人。

你的 Treo 智能手机跟黑莓手机“沟通”得如何，取决于各自手机的界面。

如今，我们都是科技互联的专家，懂得如何让不同的科技产品（比如黑莓手机和个人电脑）进行沟通。然而，很少有人是人类互联的专家。掌握这个部分里讲到的 9 条核心法则，你就会知晓和任何人互联的奥秘，无论是在工作中，还是在家庭里，或是人生的各个阶段。

一旦你学会了这些法则，你就可以往下读第 3 章了。在第 3 章里，我将教你 12 个简便快速的方法，能够让你和处于说服过程中任何阶段的人沟通。你也可以直接跳到第 3 章阅读那些现成的东西，但我建议你先读完第 2 章。这是因为力量并不仅仅蕴蓄在你的措辞里，它也蕴蓄在背后的原理中——你需要知道为什么要运用这些方法，该在什么时候、以什么方式运用它们。而且你会发现，你需要知道该如何为成功打下基础，力量同样也蕴藏在这里。

# 法则 1　从“噢，完蛋了”到“对，就这么办”

取胜之道在于，要在压力之下保持镇定。

——保罗·布朗（Paul Brown）

橄榄球克利夫兰·布朗队与辛辛那提猛虎队前教练

“马克，我兴奋得有点头晕，”吉姆·马佐（Jim Mazzo），眼力健公司（Advanced Medical Optics）的 CEO 兼董事长在电话那头对我说。

在我认识的商业领袖中，吉姆是最具道德感、办事效率最高的一位。但是，这话就算从这么一位了不起的人嘴里说出来，也让人震惊，吉姆的公司在 2007 年的那一天碰上的事件，绝大多数人会称之为“危机”。

那一天，没有等到董事会批准，吉姆就发布了一条命令，立即主动召回一款眼部护理液，因为他刚刚得知这个产品可能会导致严重的角膜感染。我打电话给吉姆，是为了告诉他我多么崇敬他的行为，此事让我想起了詹姆斯·博克（James Burke）——在数瓶泰诺被发现遭氰化物污染后，他迅速召回了这种产品。

吉姆回答我说，“我们是一家伟大的公司，有彻底的透明度，有一套大家尊重并遵循的价值观和管理方法。我很兴奋，是因为我知道这个事件是一次极其少见的机会，它会让我们的公司和我自己变得更好，而且我急切地想知道，它将会如何做到这两点。”

随后他说的一番话让我更加难忘：“坏事发生的时候，如果你能顶住诱惑，不去做出那些让事态更糟的行为，你将会发现一些对公司和自己都极有价值的东西。如果你没有承受住，你就永远不可能学到那些东西。”

这真是全然而纯粹的勇气，而且眼力健公司得到了回报。在这个过程中它安然度过了风暴，而且原本十分牢固的信誉得到了进一步加强。作为一家有商业道德的公司，它值得投资人和消费者的充分信任。

出现问题时，有的商业领袖开始恐慌。他们撒谎、疯狂地掩盖问题或一触即溃。吉姆和这些人之间的区别在哪里？他有驾驭危机、采取正确举措的能力。这既是因为他英明、有道德感，更是因为当麻烦袭来的时候，他能够迅速地控制住最初的恐惧反应（人们面临危机时普遍会有这种反应）。毫无疑问，危机到来的一刹那，吉姆与其他人一样害怕，但他没有停留在那个阶段。相反，深植在心底的核心价值观阻止了他情绪崩溃，避免他做出草率的举动。因此，当其他人企图躲起来、怪罪别人、失去控制的时候，他却能够迅速地作出思考，高效地进行沟通。

## 先控制住自己

控制住自己的情绪，不仅能帮你成为像吉姆那样高效的领导者，而且是与人沟通时至关重要的因素，在充满压力和不确定的情形下尤其如此。正因为这个，一个冷静的、能控制自己的人质谈判专家可以与一个看似根本无法沟通的人对话，反之亦然，一个哭喊、抱怨或是大吵大嚷的人甚至会惹烦一个冷静的、充满同情心的听众。

在后面的章节中，你将学到许多改变他人的有力技巧。但你将学到最有威力的事情是：**如何控制你自己的想法和情绪。因为在大多数情况下，这是成功沟通的起点。**掌握控制自我的艺术，会改变你的人生，因为当你需要在充满压力的环境下与他人沟通的时候，这个本事能够防止你变成自己最大的敌人。

当然，并非所有的人际交流都发生在有压力的环境下，但很多时候是这样。这些时刻往往会成就或破坏一段职业旅程、一段情感关系。但值得注意的是：面对压力，你的准备往往最不充分。比如打一通陌生的拜访电话，面对一个暴跳如雷的客户，参加一次艰难的工作面试，面对气得发狂的恋人，对付一个傲慢无礼的青少年。这一切都可能影响你的情绪，让你无法清晰地思考。一旦这样，你就已经输了。

因此，控制压力局面时，首要的、也是最重要的规则就是：先控制好自己。(正是因为这个,空乘人员会建议你先戴上氧气面罩,然后再给孩子戴上。)好消息是，控制自己比想象中容易。

## 速度就是一切

在现实中,你大概已经知道如何理智地处理紧急事态。你很清楚地知道，该如何从进攻模式转换到情感模式，再转换到理性模式。不幸的是，你八成不知道如何迅速地做到这一点。

真实生活中往往是这样的：充满压力的场面结束几分钟后，你稍稍平静一些了，你的脉搏慢下来，呼吸也慢下来了。再过几分钟或几小时，你大概找回了足够的自我控制感，开始思索自己的做法。再过一段时间后，你开始想："嘿……有办法了。"

然而，到了这个时候，往往已经为时晚矣。你已经丢掉了一张销售单子，惹恼了老板或同事，或让爱人坚信你是个坏蛋。或者你已经错过了时机，没能作出完美的评论，或是没有给人留下绝佳的第一印象。

那么，你应该怎么做呢？在充满压力的场合下，为了不毁掉跟别人沟通的机会，你需要在几分钟内就把自己的想法和情绪控制住，而不是用上好几个小时。简言之，你几乎需要在一瞬间，把大脑状态从非理性切换到理性阶段。这听上去似乎不可能，可事实并非如此。实际上，通过练习，你可以在两分钟之内完成这个过程。如果你做到了这一点，你就比在场的所有人都有优势，因为你是唯一一个能够思考的人。

## 从"噢，完蛋了"，到"对，就这么办"

为了弄明白压力是怎样干扰沟通能力的，你需要知道在压力或危机中，你的心理过程是怎样的。有趣的是，尽管每次危机的面貌都不一样，但你的处理过程基本上一样。无论危机是什么，无论是开车时碰上了小刮擦，失掉了一张合同，跟爱人吵了一架，还是你叛逆的儿子说“我女朋友怀孕了”等等，每次心烦意乱的时候，你都会经历这几个步骤，而且顺序差不多都是一样的。

在不严重的危机中，你可能会从这个过程的中段开始。遇到严重危机的时候，你会从最底部开始。我把这个过程称之为“从‘噢，完蛋了’到‘对，就这么办’”。具体解释如下：

## 从“噢，完蛋了”，到“对，就这么办”

**噢，完蛋了！（产生反应）**

大难临头了，我搞砸了，这他妈的是怎么回事啊，这我可搞不定，完蛋了。

**啊，老天哪！（情绪释放）**

我的天哪，这真是一团糟，这烂摊子我永远也收拾不完。真他娘的要命，我总遇上这种破事。

**唉，这可怎么办？（恢复冷静）**

好吧，这问题我能解决。可这绝非易事。

**好，行动起来！（打起精神）**

我决不能让这件事毁了我的生活/工作/心情/爱情，我应该马上……挽救事态。

**对，就这么办！（重整旗鼓）**

我已经作好准备，解决此事。

现在，我把秘诀告诉你：如果你知道有这几个阶段存在，并且在它们出现的时候能够认出它们，你就可以控制自己在各个阶段的情绪反应了。于是，你就可以在几分钟内从头到尾快速完成整个过程。有些人，比如吉姆·马佐，大概天生就懂得这个。但是，如果你不是天生就会，现在你也可以学会了。

我并不是说，你能在两分钟内解决危机。显然，你不能。我的意思是，你可以在足够短的时间内想到可能的解决方法。当你这么做的时候，你把自己从“恐慌”模式调到了“解决问题”模式。于是，你就可以说出得体的话而不是错话。

## “噢，完蛋了!”的力量

要把你的大脑从恐慌状态调节到理性状态，有种做法极其关键：把你在每个阶段的感受说出来。如果是在公共场合，你可以默念；如果独自一人，就可以大声地说出来。出不出声没关系，但想要快速地控制住自己，这么做极为重要。

为什么？加州大学洛杉矶分校（UCLA）的马修·李柏曼（Matthaw Lieberman）的研究显示，当人们把情绪的名称说出来的时候（比如“害怕”、“生气”），杏仁核，这个能把大脑转入动物模式的、小小的恐惧探测器，几乎在顷刻间会冷静下来。与此同时，大脑的另一个部分——前额叶的某个部分，也就是大脑的“聪明区”开始工作。这部分大脑好像能够抑制情绪反应，让人冷静思考眼前发生的事。而这，正是你想要的。

所以，结果是令人惊讶的：眼下不是对自己撒谎的时候，说“我很冷静，我很镇定，一切都还好”，而是应该对自己这样说（起码开头是这样）：“噢，完蛋了”，或是“我怕得要死”。

## 从“噢，完蛋了”到“对，就这么办”的加速方法

面临危机时，把你每个阶段的情绪说出来，这是解决方案的一部分，但只是第一步。正因为这个，只会站着大嚷“完蛋了，完蛋了”的人并没有解决问题。他们迈出了脱离非理性状态的第一步，却没有继续行动。

因此，把“噢，完蛋了”当做起点，但不要卡在这里不动。相反，一旦你说出了自己的情绪，让额叶找到了立足点，就开始按部就班地让大脑从恐慌状态进入受控状态吧，一次往前走一步。以下就是具体做法：

## 从“噢，完蛋了”到“对，就这么办”的加速方法

**噢，完蛋了！（产生反应）**

不要否认你心烦意乱，很害怕。相反，理顺自己的情绪，承认它们，默默地用词语描述自己的感受。（“我真的很害怕。我真怕这事会害我被炒鱿鱼。”）如果你正一个人待着，就大声把这话说出来，因为你说话时身体会呼气，这会帮你镇定下来。

如果你能够离开一两分钟，就离开一会儿。如果不行，在事情发生的最初几秒钟内，不要跟任何人说话。你需要全神贯注地承认自己的情绪，从愤怒或恐慌中走出来。如果你可以把眼睛闭上一两分钟，就闭上眼睛。

**啊，老天哪！（情绪释放）**

承认了自己的强烈情绪之后，闭着眼睛，深深地、缓缓地用鼻子呼吸，让情绪自然过去。缓释情绪需要多久，你就这样做多久。情绪过去之后，继续呼吸，放松自己。这会让你重新找回内心的平衡。

**唉，这可怎么办？（恢复冷静）**

继续保持呼吸，每呼吸一次，就让自己放松一点。在这个过程中，把各个阶段的名称说出来会有所帮助：“噢，完蛋了”；“啊，老天哪”；“唉，这可怎么办”；“好，行动起来”……

**好，行动起来！（打起精神）**

开始考虑怎么做才能减少损失，充分利用目前的局势。

**对，就这么办！（重整旗鼓）**

如果你的眼睛一直闭着，现在请睁开，然后去做你需要做的事情。

起初你会发现，迅速地进入下一个阶段很困难。这是因为，迅速而流畅地从低级状态进入高级状态，不是大脑的本能。（在“噢，完蛋了”里头纠结上好几分钟或好几小时，才是更本能的反应。）

然而，如果你在脑海里排演这个过程，然后在实际生活中应用，你就能每次做得更快、更好。半年后你会发现，在压力最大的场合，你就是那个能

够主持局面，做出正确举动的人。

有种反应，我称之为“恐惧攻击反应”。如果你深受它的困扰，就更需要掌握这项技能了。有时你会在小狗展览上看到这种情况：看上去一点也不凶的贵宾犬或腊肠犬突然对着裁判大声咆哮起来。狗不叫，是因为它准备猎杀；它叫，是因为它被噪声和乱糟糟的环境吓糊涂了，一头扎进了“噢，完蛋了”的状态。作为一名精神科医生，我时常能见到人们陷入这种“恐惧攻击反应”当中。如果你经常能在自己身上看到这种压力反应的征兆，比如，压力之下你的嗓门提高，声音变尖，或是充满怒意，觉得脖子上青筋直跳，那么上述加速方法会帮你挽救工作或婚姻。

如果别人攻击你的时候，你很容易哭出来，那么这个技能对你也是无价之宝。通过主动地承认自己想哭的冲动（“噢，我正处在‘老天啊’的状态，现在我想哭”），而不是竭力忍住，你就有了觉察和对抗这项反应的主动权。

但是，就算你能够冷静镇定地对付压力，也请你花点时间来掌握这项技巧，因为它会让你更妥善地应对压力。**控制自我的速度越快，哪怕是快上区区几秒钟，也往往能得到迥然相反的结果：得到人心，或是失去人心。**

说到重压之下保持冷静，我看到过的最佳例证是美国前国务卿科林·鲍威尔（Colin Powell）。1996 年，鲍威尔出席了某家一流房地产开发商的全国会议，给公司的优秀地产经纪们作主题演讲。那时，他在全国的人气极高，被人们视为总统候选人。

案例直击

## 压力之下的镇定

当天我恰巧在场，鲍威尔将军的风采征服了我（以及在场的每一个人）。他号召听众们行动起来回馈社区。他满怀激情地表达了对家庭、童年和朋友们的感恩之情。他告诫大家，应该“通过做善事来创造辉煌事业”。

发言完毕，他请大家提问。那富有感召力的言辞在我们心中引起的暖意犹未消散，因此大家对接下来发生的事情毫无准备。

"鲍威尔将军，"第一个人问道，"我知道您夫人曾一度患上了抑郁症，必须要吃药，甚至还进过精神病院。您愿意就此事说上两句吗？"

这个不得体的问题，更不用说它有多残酷，让全场8 000人倒吸一口冷气。在接下来的寂静中，大家都想看看鲍威尔对这个措手不及的问题作何反应。数年前埃德蒙·马斯基（Edmund Muskie，曾为参议员，1968年被民主党提名为美国副总统候选人。——译者注）就是这样丢掉竞选总统的希望的。当记者问起他夫人的神志问题的时候，他哭了起来。在相似的情形下，鲍威尔会怎么做？

以下正是他的反应。他看着那个提问的人，停顿了一会儿，然后简单地答道："不好意思，你最爱的那个人活在地狱，而你却不去尽一切努力救她出来。你会这样干吗？"

我对他佩服得五体投地。他的反应真是聪明、冷静、完美。

相信我，这绝非鲍威尔将军的第一反应。有那么一刹那，他大概想径直走下讲台，揪住那个提问的蠢货，直接把他的大牙打飞。因为任谁处在那个位置上，都会想要这么做。

可他没有生气（尽管他绝对有理由）。他没有像马斯基参议员那样哭出来。相反，他从"噢，完蛋了"切换到"对，就这么办"的速度比我见过的任何人都快。

结果是，他的这个举动比演讲更加打动我。他赢得了在场的每一个人，触动到人们的内心最深处。而且我毫不怀疑，他也触动了那个提问的人，就像一拳挥到脸上那样强悍有力，而他却连指头都没动一下。

这就叫做压力之下的镇定。如果你能够达到同样的水准，你就能顺顺当当地克服生活抛过来的任何压力和风险。

*→ 想想看*

当你从“噢，完蛋了”过渡到“对，就这么办”的时候，你完成的是这样的转换：从固执地认定“世界应当是这个样子（或不应当是这个样子），可它永远也不会是这个样子”，到作好准备，应对这个世界原本的样子。

*→ 做做看*

回忆去年你和同事或爱人之间发生的最严重的冲突事件。就像置身当场一样，在脑海中沿着那五个步骤过一遍。下次再跟此人发生争吵的时候，运用相同的技巧。

# 法则 2　清空成见，开始倾听

人生基本上是个感知问题，但错误的感知要更多些。

——戴夫·洛根（Dave Logan）

《部落领导学》和《赢在转念间》合著者之一

“有多少人认为自己很擅长倾听，或起码水平还不错？”在一家地产公司的全国年会上，我问场内的500名地产经纪人。

每个人都举起了手。我接着问，“如果我告诉你们，你们没有一个人懂得倾听是怎么回事，而且从来都没倾听过别人，有多少人同意？”

我停下来，看着全场听众。“真的吗？有意思啊，没一个人举手。”

身为一个精神科医师，面向一群充满干劲、喜欢开门见山的销售人员，我已经有了两项劣势。首先，我不是销售员。其次，我是个精神科医师，而精神科医师和销售员是互相看不顺眼的。在那一刻，我的听众们很可能在想，“真是个自大的混蛋”，我就悬在被三击出局的边缘了。

我继续说道：“如果我能证明你们没有一个人会倾听，而且从来也没倾听过，然后告诉你们如何纠正这个问题，让你们的工作更有成效，有多少人愿意继续听下去呢？”

有些听众举起了手，可人们的脸上清楚地写着：“好吧，就给你一次机会，否则要你好看。”

我把握住这次机会，说道：“我想请大家想象一下：有个办公室助理，总是没法按时完成工作，交上来的东西里总是有明显的错别字和其他错误。现在，你指出了错误，而这个人开始为自己辩护，或是生起气来，或者开始哭鼻子。”

我问道：“有多少人能对号入座的？”几乎所有人都举起了手。（“嘿，貌似我又把他们争取回来了嘛。”我心想。）

“现在，用不着留面子，你会用哪些词儿来形容这个人？”我问。“我来抛砖引玉：工作马虎。”

“懒”、“散漫”、“工作态度不认真”、“典型的 80 后”（说这话的人赢得了一阵赞同的笑声）、“靠不住”，听众纷纷说道。

“现在，”我说，“想象一下：星期一的早晨，你问这个人，‘星期三要交到过户公证公司的文件，你准备好了吗？’此人说，‘没有’。有多少人会想‘这人真没用’？”房间里满是高举起来的手。

“接下来你会怎么做？无名火起，开始大声嚷嚷，给他下命令？对另一个销售员抱怨？告诉办公室里的人，你不想让此人再参与你的业务？或是满心厌恶、气呼呼地走开，抱怨公司里的人的素质怎么都这么低？”我这样问道。

我从他们的表情中看得出来，我说中了。显然，不少销售员每天都能遇上这样的窝火事。由于我正确地映照了他们的想法，他们接受了我正在说的东西……到目前为止。

“现在，”我说，“想想这种情景。假设你镇定地说，‘你为什么没做完？’而这个人哭了起来，说：‘其实我在周末把这份文件做了不少，已经准备好今天上午带给你的，而且今天下班前我肯定能做完。可昨天晚上，得了阿尔茨海默症的爷爷哭着给我打了个电话。他说我奶奶得了严重的中风，就要被送到医院里去。我的父母都过世了，我是唯一能够照顾爷爷奶奶的人。所以我放下一切去处理这些事，整夜没有合眼。我知道，我不是头一回搞砸了，可照顾他们两个真的不容易，有些时候我真有点扛不住了。’”

“这些会不会让你对这位助理的想法发生改变？甚至会有完全不同的反应？”我问道。

低语声四处响起，这是想法发生改变时的声音。“当然会，”不少人回答道。

“那么我的话说完了，”我说，“你们没有倾听。你们的行为正是大家每个人都会做的。你从先前和此人打交道的经历中获得了一些信息，草率下结论，并且形成了印象。这些印象上刻着这种词儿：懒、马虎、工作态度不认真、这人真没用。这些词语成了过滤器，你透过它们去听，却并没有真正倾听对方。”

解决方案是，我解释道：摘掉过滤器。你自认为了解别人，比如这个人“懒”、“真没用”、“爱发牢骚”、“充满敌意”、“没法沟通”，可这些阻止了你获得你需要知道的东西。把这个心智上的障碍移除，你就作好了准备，开始接触那些你认为难以接触的人们。

## 可我在听啊……难道没有吗

现在你可能在想，“马克，我所做的全是倾听啊。开会的时候我听，我听同事们说话、听伴侣说话、听孩子们说话，从来也没人闭嘴。”

这话一点不错。可问题在于，你在听，可你没有倾听。无论你的出发点多么好，无论你做了多少努力。原因是，大脑不让你这么干。

还记得我之前讲过的那三个大脑吧，哺乳动物脑覆盖在爬虫脑上，人类大脑又覆盖在哺乳动物脑上，位于内层的脑进化的时间要早于外层的。我们对别人的即时判断也是相似的，因为它们也建立在过去的认知上头。这并不意味着这些判断完全错误。（事实上，最初的“直觉”往往很正点。）可这也意味着，它们并不是完全正确的。

比如，这些地产中介马上就形成了一个看法：这位办公室助理靠不住。他们甚至从没想过（一个人也没有），此人的行为是否尚有别的原因。为什么？因为他们这辈子一直听别人说起，没做好工作的人就是“懒惰”、“逃避职责”，或是“靠不住”。这个办公室助理符合这个模式，于是他们给他贴上了相同的标签，而且这标签粘得还很牢。

我们的认知遵照这个刻板的原则，形成根深蒂固的想法，原因很简单：新知识是建立在老知识上的。我们先学会了爬，然后学会走路，最后学会奔跑。我们现在能够毫不费力地用拇指在黑莓手机上按来按去，是因为之前我们在那个小键盘上笨拙地摸索了好几个月。我们能够想也不想地开车，是因为大脑记得住之前是怎样做的。

相应地，今天我们迅速地判断一个人，靠的是过去对别人的了解，或是听说的事情。然后，我们永远形成了一种认知，和此人的一切交往都通过这个过滤器进行，因为（再说一遍）我们学到的做法就是这样。

问题在于，我们认为自己对别人的第一印象全凭理性，但并非如此。在现实中，这些第一印象是一团混合而成的东西，里面有我们能清醒认识到的真相，也有无意识的真相，有虚构，也有偏见。因此，从一开始起，我们面对的就是一个虚构出来的形象，而非真实的人。然而，这个第一印象会影响我们的情绪，长达数月或数年。这也会影响我们如何倾听此人，因为我们会把此人说的所有东西扭曲，以便适应我们那预先形成的概念。

## 你有多少个过滤器

我的朋友里克·米德尔顿（Rick Middleton）是位于洛杉矶的沟通公司Executive Expression的创始人。他使用一个叫做GGNEE（这是下列归类标准的英文词头缩写。——译者注）的模型，来描述我们是如何把别人在脑海里归类的。里克说，在不知不觉中，我们会按照下列顺序迅速地把人分类：

- 性别（Gender）。
- 世代（年龄）（Generation）。
- 国籍（或种族）（Nationality）。
- 教育程度（Education）。
- 情绪（Emotion）。

之所以是这个顺序，是因为我们会首先注意到此人的性别、年龄和国籍，然后听出此人的受教育水平，最后感觉到此人的情绪状态。请记住这个模型，它能帮你发现潜意识中的过滤器，而这些过滤器阻止你倾听别人，妨碍你跟别人沟通。

为什么大脑按照这个看似毫无逻辑的方式运转呢？因为在大多数情况下，形成对他人的刻板印象的确是有用的。例如，想象你正搭乘一辆拥挤的地铁。你的第一感觉告诉你，避开那个身上脏兮兮、眼里有一抹怪异神色的家伙，应该坐在拿着编织袋的老太太身旁，还要避免跟那个画着哥特妆容、带着敌意的少年对视。个别来看，这些结论可能都是错的——哥特少年可能是个相当聪明而敏感的孩子，需要别人的一个微笑；那个怪人可能是个毫无恶意的孤僻家伙，而那个老太太很可能是拉登的手下，可你没时间分析遇到的每一个人。相反，你的大脑依据过去的经验和直觉，作出了可能救你一命的快速判断。

所以，快速研究并不是坏事。唯有在你的快速研究出了错，而且导致你得出错误结论的时候，它才是坏事。不幸的是，我们每天都会这么干，因为比起退回去分析事情，我们的大脑更擅长一步跳到结论。

所见即所信。
而误解等于欺骗，更糟的是，它阻止你发现真相。

解决办法是什么？仔细分析你的想法。当你有意识地分析你对某人的看法，并且把这些看法与现实情况作比较的时候，你就能够调整想法，并且建立起新的、更为准确的感知。然后，你将会和那个真正站在你面前的人沟通，而不是那个被你的错误认知虚构出来的虚假形象。

为了看看这个过程是如何起作用的，咱们回到刚才那些房产经纪人的事例里去。“靠不住”的办公室助理令他们十分窝火。起初，这些成功人士中的绝大多数是抱着刻板的印象看待这种人的：工作质量低下 + 找借口 / 自我辩护 / 责怪别人 = 靠不住 = 干吗要花时间、花精力跟这种人打交道？但是，当我请他们想想看，一个“废物”的工作表现不佳，或许背后存在真正的原因的时候，我迫使他们撤回了根深蒂固、先入为主的观念。相应地，这个举动迫使他们对之前形成成见的这个人，有了新的、更为准确的理解。

## 对熟悉的人，你了解多少

“马克呀，”你或许会说，“你说的这些都不错，可那些我认识了好多年的熟人该怎么说呢？我对这些人可没有错误看法。事实上，我像了解自己一样了解他们。”

我的回答是：“不，你并不了解”。每一周，我都要和共同生活了几十年、共同工作了几十年的人打交道。而这些人往往并不知道，什么事会让对方打心眼儿里开心。于是，他们把不安全感误解为傲慢，把恐惧误解为顽固，把合理的愤怒误解为“他就是个混球。”他们说服、讨论、反对对方，却从来没有跟对方真正说说话，他们需要的其实只是看清眼前这个真实的人。

杰克逊夫妇就是个很好的例子。

**案例直击**

### 杰克逊夫妇的第二次热恋

这两位已经结婚55年了，在杰克逊夫人的坚持之下，他们来找我作咨询。因为他俩的拌嘴已经上升到了如此激烈的地步，以至于杰克逊先生冷冷地说出：“要是这样，你干吗不走了算了？”

这话他以前也说过好几次，可出于某种原因，这一回杰克逊夫人觉得受了伤害，真恼了起来。她收拾了老头儿的行李，让他走人，而且这一回她没心软。杰克逊先生有点害怕了，因为他都82岁了，离不了她。而她说，除非他们找人去作咨询，否则她不会回心转意。

我听他俩诉说着，很显然，他俩依然相爱，彼此都全心全意，可他们不再喜欢对方了。20分钟过后，我听了足够多信息。我对他俩说，“别说了！”

惊讶中，他俩陷入沉默。我对杰克逊太太说，“你知道吗，你先生认为娶到你是他做过的最棒的事儿？”

杰克逊太太惊愕地说，“你说什么？”

杰克逊先生马上接上话茬，说道：“他说得一点不错。我供的是房子，可她给我一个家。要是没她，我都没有地方可去；要是没她，我绝不会和孩子们这么亲近，因为我是个工程师，不大懂得沟通。”

杰克逊太太惊呆了。我转向杰克逊先生，说：“说到你，你知道吗，你太太认为你是她遇到过的最好的男人？”

我看他的下巴都快掉了。“您开玩笑吧。她总是没完没了挑我的刺儿，告诉我什么该做，什么不该做。”他目瞪口呆。

“百分之百正确，”杰克逊太太插嘴，“他是我遇见过的最好的男人。没错，他不大懂得跟人沟通。可他从来不贪杯，不跟别的女人乱搞。而且他兢兢业业干着一份不喜欢的工作，就为了养活我跟孩子们。”

“可你那些找茬挑刺是怎么回事？”杰克逊先生打断了太太。

杰克逊太太回答，“我对谁都挑刺啊，我就爱挑刺。孩子们也气得要死，可就像我说的，遇上他，大概也是我这辈子最好的事儿啦。”

这一对儿，听对方说了几十年的话，却从没倾听过对方的声音！悲哀的是，他们都觉得自己只是在容忍对方，可实际上却视彼此如珠如宝。看看他们终于倾听了对方之后的样子吧。他们来找我的时候，气得看都不想看对方一眼，可离开的时候，他们就像再次坠入了爱河。而这一切需要的只是短短几分钟的真正倾听，一件他们50年来没有做过的事情。

在一起生活了半个多世纪之久，杰克逊夫妇知道对方成千上百的事情。他知道她最爱吃哪个牌子的番茄酱；她知道他小时候养的狗叫什么名字。他们知道对方的身体哪儿不舒服，在洗手间里有什么小习惯，最爱看哪出电视节目。可是，说到大问题的时候，他们就像是陌生人。

这个故事告诉你什么？对于那些你想接触的人，无论你刚刚认识他们，还是这辈子一直熟得不能再熟，你真正知道的东西大概比你自认为的要少很多，而你自认为知道的东西很可能错得离谱。而且，接触这些人并不仅仅意味着让他们对你敞开心扉，这也意味着你需要调整自己，以便看到他们真正的模样。

所以，当你遇到问题人士的时候，你应该意识到他们的行为背后是有原因的。或许他们遇上了新问题：健康出了毛病、财务上有问题或是工作有压力。或许他们的问题长久以来一直存在：担心自己不能胜任工作而焦虑、因为不受人尊重而生气、害怕你认为他们不够有魅力或不够聪明。是的，没错，很有可能他们的确是个真正的混球（可一般来说他们不是）。敞开你的心扉，去看看行为背后的原因，你将迈出推倒樊篱的第一步，和根本“不可理喻”的人开始沟通。

### → *想想看*

如果你想打开沟通的大门，请打开自己的心门。

### → *做做看*

回想一个你不太了解的“问题人士”——总是错过最后时限、没来由地发脾气、行为带着敌意、对批评过于敏感或其他让你受不了的举动。在脑海里列出一串用来形容他的词语，比如，懒虫、逃避责任、粗鲁、混账等。

现在，设想五条可能造成此人行为的秘密原因（例如，“他非常担忧健康问题”；“她担心我们会因为她的年龄而不尊重她”；“他正在戒酒，以前过得很不容易”；“她有重大打击后遗症”；“之前的搭档坑了他，现在他不再信任别人了”）。一一设想一下，如果在这些情形下，你对此人的感觉会发生怎样的变化。

一旦你用这个练习开放了自己的心态，就和此人安排个见面时间，或是一道吃个午饭，看看你是否能找到问题行为背后的真正原因。

# 法则3　让对方感觉到你的理解

能够实现自我的人有强烈的自我认同感、同理心和博爱的心肠。他们感到人与人都是彼此牵连、彼此相关的，所有人就像是一个大家庭内的成员。

——亚伯拉罕·马斯洛（Abraham Maslow）

心理学家

案例直击

## “幕后”的理解

“还要多久才完？我还有正事要干呢，”汉克嘟哝道。头发灰白的他是洛杉矶一家极负名望的娱乐业律师事务所的资深合伙人。我的任务是摆平汉克和奥黛丽的关系，后者也是这家律师事务所的资深合伙人。在排名榜上，奥黛丽的名字比汉克靠前，律师事务所绝大多数的业务都是她带进来的。她是个好律师，但她更拿手的是招揽业务。汉克是个极有才华的律师，但他宁可啃指甲，也不愿意去和人闲聊，谈客户。

不幸的是，汉克并不欣赏和感激奥黛丽的才能，而是觉得她是个大嘴婆。参加了活动，上了电视或是接受了报章杂志的采访之后，她经常激动得叽里呱啦个没完，闹得办公室鸡犬不宁。让问题更加复杂的是，整个公司里头奥黛丽最想得到的就是汉克的欣赏。这种心态源自奥黛丽对赢得父亲尊重的渴望，而这种渴望从没被满足过。

汉克的固执部分源于他的成长背景。他母亲是个强悍的女人，害得他父亲、兄妹和汉克自己的日子都相当难过。离家的时候，他发誓以后绝不会让任何人再这样对待他。而汉克认为奥黛丽就是个悍妇。

既然他俩要合作办案，那就需要更密切的配合，特别是他俩的摩擦已经波及到整个公司，干扰了每一个人的工作。我的任务是：让这两位像个队友一样对话、协作。

刚开始的时候，这是场硬仗。两人间的火药味越来越重，奥黛丽的声音变得尖利起来，充满控诉的味道。汉克在别人面前说她的坏话，奥黛丽说。她发言的时候，他会在一旁窃笑，弄得她很没面子。

汉克尖酸地反驳道，“嘿，她丢脸还需要我帮忙啊。她自己就很擅长了。”

“您瞧！我说什么来着？”奥黛丽插嘴说。

奥黛丽的反击持续了好几分钟，而汉克瞅瞅天花板，又瞄瞄手表，一边说着，“我真有很多工作要赶啊，我能走么？”

我为公司提供的服务中，有一项被我称为“出租成年人”。到了这个分上，我显然是屋子里唯一的成年人，而我的耐心已经愈来愈少了。

听他俩说话的时候，我明白了，问题不在于奥黛丽认为汉克不肯倾听她，就连汉克的不尊重也不是全部原因。关键在于，奥黛丽没有感受到别人的理解。想到这个，我自问她会有什么感受，于是问题一下子清楚了。

我让他俩停嘴。然后我看着汉克，问道，“你知道吗，奥黛丽觉得，在你眼里她根本就是个讨厌又恶心的人？”

一语中的。闸门洞开，奥黛丽哭得那么伤心，已经没法再参与那傻乎乎的吵架拌嘴。沉重的抽泣声显示出她内心那深重的痛苦，但同时也有释然，还有“被人理解”的感受。

争斗突然停止下来，汉克好像被缴了械似的，态度也诚恳起来。“听我说，”他说，“我不认为奥黛丽讨厌又恶心。她拉业务的本事多棒啊。她是整个城里最有销售才能的律师之一，而这事我根本干不了，做起来也浑身别扭。”他重复道，“我不认为她讨厌又恶心。我甚至喜欢她。只不过，有时她那么兴冲冲地进来，把办公室弄得乱糟糟的。我……嗯，你也看得出来……我比较喜欢井井有条。”他看着奥黛丽，她汹涌的泪水出现了减弱的迹象——说，“奥黛丽，真的……我真的不觉得你讨厌又恶心。你只是有时候让我有点抓狂。”

我看着奥黛丽说：“你在汉克身上看到什么优点吗？”

她回答道：“他是我见过的最聪明的律师之一。尽管他脾气不好，可他能看出所有案子里不对劲的地方，然后为公司里每个律师指出正确的方向，也包括我。我想，正因为这个我才觉得，让他认为我是个胜任的律师是那么重要。”

两段震撼的交流过后，剑拔弩张的气氛开始减弱，温暖的战友情谊渐渐萌发。在短短几分钟内，他们的态度从说服过程的“抗拒”阶段（“我恨你”）变到了“开始考虑”（“或许咱们真能合得来”）。

那一刻，汉克接着说：“奥黛丽，你是个好律师”，他脸上泛起一抹笑意，他就是没法顺顺当当地说句好话——“只不过有时候有点烦人。”

“你非得加上那一句，是不是？”对汉克补上来的刻薄话，我回了一句。

汉克有点不好意思，说道：“老毛病不好改吗。”

经过了这样的坦诚相对，两人一致答应，以后可以更好地沟通。对于汉克来说，这意味着以后别那么尖酸刻薄；对奥黛丽来说，这意味着在业务取得进展之后，进办公室的时候要先冷静一下，别那么咋咋呼呼的。局势缓和带来的结果是：公司更和谐、更高产，而浪费在内讧上的时间更少了。

奥黛丽和汉克的故事实在是太普遍了，几乎哪里都能看到。看看你的办公室，你多半能发现至少一个例子：两个聪明的、业绩突出的人才，可就是没法待在一个屋檐下。往上层看看，你多半能发现某个CEO，把兢兢业业的团队成员当敌人看，人员流失率因此高得吓人。如果你是销售人员或客服人员，想想有没有这种客户：他们好像更愿意折磨你，而不是购买你的服务。在每个例子中，看看那幕后的东西，你多半都能发现“得不到理解”的苦衷。你也会因此而发现改善的机会。

## 为什么“感到被人理解”会改变一个人

**让别人感到你理解他，其实道理很简单：就是将心比心，站在对方的立场看问题。**如果成功了，你就可以在瞬间改变你们之间的关系。在那一刻，你用不着努力去“了解”对方，你已经赢得了他的心，而这个突破会带来合作，带来有效的沟通。

为何“感到被人理解”的感觉如此有力？一个解释就是我之前讲过的镜像神经元。当你镜像映射他人的情绪感受的时候，那个人就会想要映射你的感受，作为回报。说一句“我理解你的感受”，对方将会心存感激，自动自发地流露出感激之情，并且萌发出想要了解你的愿望，以此作为回报。这是个无法抗拒的生物学冲动，正是这个冲动拉近了你们的距离。

尽管这个方法很有力，人们却不经常使用，因为他们不大愿意贴近别人的私人情绪，特别是在工作中。但是，如果你和某个人的关系毫无前景，让那个人感受到你的理解，就是你实现突破的最佳方法。

最近，我在一次会谈中使用了这个方法。对象名叫约翰，年纪 45 岁，他的无礼已经快达到敌意的程度了。

约翰是一家财富 1 000 强企业的 CEO。他的公司兼并了另一家较小的公司，而新公司需要自上而下来一番大变革，而这些变革引起了彻头彻尾的抗拒。我的专长之一是帮助公司度过转型时的混乱期，所以我就去了。

早些时候，约翰曾雇用过一家很有名气的咨询公司来执行相同的任务。这家公司的方案看上去漂亮得很，可实际证明完全行不通。约翰从这场灾难中全身而退，是因为他用上了最基本的“免责自保”策略：聘请个著名的咨询公司来干活，如果效果糟糕，你就可以说：“不要责怪我嘛，毕竟他们才是专家。”好消息是，他没惹上麻烦。坏消息是，他还是得解决这问题，而且现在预算减少了。因此他才找上了我。

我知道这些背景，我也感觉到约翰那对立态度背后隐藏着的情绪。事实上，有那么一两次，我自己也来了气。所以，我停下了方案介绍，说了一句："你以前吃过亏，是不是？"

"你说什么？"约翰反问，他完全被我没头没脑的话给弄糊涂了。

我重复着刚才的话，"那些咨询顾问向你保证过，可是没有兑现承诺。你可能还得跟老板解释一番，为什么你的决策没能见效。那场谈话危险极了，而你侥幸过了关。在你就快躲开这一劫的时候，你对自己说，'我绝不再让自己落入这种被动的境地了。'现在，你不知道我提出的方案能不能兑现，是不是？"

他不好意思地点点头，毫无疑问，他回想起了那些向上级汇报的场面，而且缴械投降了，他没法在我面前隐藏想法。

"嗨，别担心，"我让他放心，"每个人都可能作出让自己后悔的决定。我也曾经这样做过。"他微微点点头。

"好，那咱们说定了，"我继续说道，"别人答应了你，你相信了，可他们却没做到。我知道这种感受有多糟糕。所以我绝对不会对别人干这种事。要是我这么干了，你就别放过我。说起来，我跟公司合作的时候，磕磕绊绊是常有的事。这往往是因为公司理论上认同了某些事情，但这些东西现实中却行不通。遇到这种情况，我发现最好的处理方法是……"随后，我解释了我们该如何迈过一道道坎儿。

那天的最低收获是……我拿到了这张单子。

为什么？我了解那些看上去很自信的人们，特别是那些在大公司里工作的人，比起想把事情做对，他们更怕犯错。（对于那些四十多岁的经理或CEO来说，尤其如此；如果他们是男人，就更加毫无疑问。）这是因为他们害怕事情不顺，自己会横遭攻击，万一搞砸了，自尊心可受不了。

当这种人犯了错误，受到外部的批评，感到尴尬，而内心也觉得丢脸的时候，他们往往会向自己保证："我再也不会让自己落入这么被动的境地。"当他们需要作出带有风险的新决策时，这个潜意识会阻止他们向前走。

懂得这种心理是很关键的，特别是在这种场合：你作了一次清楚有理的演示，而对方也点头同意了，却又把你给否决掉。此时，绝大多数销售员或经理都会尽力举出更多客观例证，证明自己可以做到。有时候这招能管用，可有时就不管用。这是因为，对方心里在想却没有告诉你的是：“我害怕、极度害怕犯错误。”

此时，你应该把这种心态直接点透，告诉对方你理解他的感受，也认同他的感受，告诉他你也有同样的感觉。如此一来，心里不踏实的客户就会感觉到你的理解。当人们感觉到别人的理解时，他们的孤单感就会减少一点；当他们的孤单感减少了，焦虑感和恐惧就会减少，这让他们敞开心怀，接受你要传达的信息。他们会从抵抗（“走开！”）转向通情达理，并且能够听取你的信息，理智地作出衡量判断。

## 行动步骤：让对方感受到你的理解

你可能会想：“马克，你这么干当然容易得很。你是个精神科医生啊，而且干了三十多年了。”我的回答是：“别小看自己。这么简单的事情用不着拿个医学学位才能做。”你需要做的只是这些而已：

1. 体察对方的情绪和感受，比如“觉得自己很失败”、“生气”、或“害怕”。

2. 你可以这样说：“我在尽力体会你的心情，我觉得你现在有些……”然后把你刚才想到的情绪说出来。“是这样吗？如果我说得不对，那你现在的心情是什么样子呢？”等待对方同意，或是纠正你。

3. 然后说：“这失败感（生气、失望等）有多严重？”给对方留一段反应时间。此时你要作好准备，起码在刚开始，你要面对喷涌而出的情绪，特别是在对方心里的挫折感、气愤或恐惧已经压抑了好多年的时候。这时你不要还嘴，也不要申辩。

4. 接下来，你说，“你觉得自己这么失败，是因为……”同样，让对方尽情发泄。

5. 然后说，“告诉我，怎样做会让你感觉好一些？”

6. 接下来说，“我能在其中做些什么？你能做些什么？”

这个“脚本”不是一成不变的，不必死板照用。用这些问题来开场，然后让谈话顺其自然发展下去。下面请看例子——

卡门（她的下属黛比在一个关键的新项目面前踟蹰不前，她想知道为什么）：黛比，我发觉，你对我让你负责这个项目的事儿很有情绪。

黛比：嗯……是有点。

卡门：我很想了解你的心情，我猜，尝试这么一个全新的东西，你是不是有点害怕？或者是相当害怕？是这感觉吗？

黛比（开始宣泄情绪）：我不太好意思说，可是……你知道，我在绘图这方面不是专家，一下子有太多要学的东西了。我压力好大，乔尼的保姆又刚刚辞工不干了，家里真是一团糟，还有……我有点扛不住了。我知道这是个很好的机会，可我怕弄砸了它。

卡门：我理解，事情都挤到一块儿了。我在想，怎么能让你轻松一点。如果我让西奥来教你用设计软件，会不会好点？西奥在这方面挺厉害的。

黛比：这可是帮了大忙了。要是我用不着全部亲自动手画，我就觉得底气足一些了。

卡门：那太好了。我这就问问他。有什么其他安排能让你做得更顺手一些呢？

黛比（放松下来，开始积极地考虑新角色）：如果你想让我承担更多类似项目的话，我想去上一点正规的绘图和设计课程。你觉得咱们有这个预算吗？

有时候，如果你触碰到了强烈的情绪，对方的反应会让你惊讶不已。

案例直击

## 关注对方的情绪

好几年前，我花了好几个月时间跟一个CEO见面。终于碰面的时候，他却心不在焉，态度也很冷漠。我很窝火，脱口说了一句：“你安排跟我谈的时间是多长？”

他看了看我，脸上的表情在说：“我不知道，但最好现在就结束！”我以为他就要把我轰出门去，结果他带着受了冒犯的神色，摸出了日程本，看看说：“20 分钟。”

我深吸了一口气。“你看，”我说，“我要说的东西，是值得你用心听的。可你现在没认真听，因为你脑子里正想着什么事，这事比咱们的见面更重要。所以，咱们这么办吧。咱们在第 3 分钟停止谈话，然后定下下次见面的时间，那时候请你全神贯注地听我说。余下的 17 分钟归你，你可以打个电话，处理你心里正想的事儿，因为，要是你不能好好倾听的话，对你的员工，对我这个局外人，甚至对你自己，都是不公平的。”

一阵意味深长的停顿。他开始全神贯注地看着我，泪水涌上他的眼眶。他说：“你才认识我 3 分钟，可是在咱们现在坐着的地方 20 码之内，不少人认识我已经 10 年了，都不如你了解我多。我是个不爱谈私事的人。我心里头确实有事，我太太正在接受活组织检查，结果不太好。她比我坚强，让我最好回来工作。所以我人坐在这儿，可心没在。”

我答道：“这消息真让人难过。或许你真的不该留在这儿。”

像条浑身湿透的狗一样甩掉了身上的水后，乔治继续说道：“没关系。我没有我太太那么坚强，但我也很坚强。我在越南当过兵。我最好留在这儿照看公事。我现在全神贯注听你说了，而且这全部 20 分钟都给你。”

这个故事说明什么？人们太容易把全副精神放在“从别人那里得到某些

东西”上了。比如，从同事那里得到更多工作，从老板那里赢得更多尊重，从客户那里拿到订单……反倒忘记了一个事实：每个人都是有血有肉的，都会害怕、紧张，需要得到旁人的理解。如果你忽略了对方的情绪，就会不断地碰上由气愤、敌对或冷漠而组成的砖墙。从另一个方面来说，让别人感受到你的理解，你就有可能把自己从陌生人或敌人，变成朋友或同盟军。你遇到的反感和阻碍会减少，支持则会增多，而且你说的话别人也能听进去了。

如果这听起来太简单，不像是真的，你就试试看。你会吓一跳的。

### → *想想看*

在每个人的心里，无论这个人有多重要、多出名，都是一个有血有肉的、需要得到理解的人。满足这个需求，你就会从人群中的陌生者转变为他人的朋友或同盟军。

### → *做做看*

回想一个你想要接触的人，这个人要么找理由，要么在以某种方式躲着你，不肯跟你沟通。把自己放在这个人的位置上想想看，“如果我是他，我有什么感觉呢？失败感？害怕？生气？”

找到这个人，告诉他，“有些事我想跟你谈谈。之前我总是对你很失望，不耐烦，还着急，但这样其实让你很难受，我没有站在你的角度上看问题。我在想，如果我是你，我会觉得……（失败、害怕、生气等）。是这样吗？”

当此人说出感受的时候，找出原因，也找出解决办法，让此人的感觉好起来，做出更好的业绩。

# 法则4 对别人感兴趣，而不是证明自己有趣

无聊的时刻就是，当我没法把别人变得有趣的时候。

——沃伦·本尼斯（Warren Bennis）

南加州大学杰出管理学教授、《成为领导者》作者

把你“劫持成人质”的不仅仅是那些拒绝跟你沟通、欺负你、惹恼你、生你气的人。当你无法跟这两类人交流的时候：(1)完全不了解你；(2)好像无意了解你，你自己犯的错误也会束缚你。

你有没有郁闷地琢磨过：“要是我能让这个人对我感兴趣就好了，那我就能跟他说上话了吧？”我要说的就是这个问题。关键是，你达不到目的的原因，就埋藏在你这句话里。

为什么？因为你把全副精力都放在这件事上：说些什么，才能让对方觉得你够酷、够聪明、够诙谐呢？可你这么做是错的，因为你弄反了。想知道为什么，先看看世界上最为成功的两个人是怎么做的。

要形容沃伦·本尼斯,“深入倾听”是出现次数最多的词语之一。他是南加州大学领导力研究所的创始人兼所长，可谓是你能遇到的最有趣的人。但是，当你跟他相处的时候，不管你是替他停车的服务生，还是谷歌的CEO，他会对你更感兴趣。

最近我见识过他的这项本领。我受邀去参加一次晚餐，在场的

都是他的密友。这些人全都十分聪颖，很有深度，而且都很强势。夜渐深了，生动的谈话变成了激烈的争论。言语来往间，这些才华横溢的人们开始唇枪舌剑，终于到达了这个地步：说话的远比倾听的多。

自始至终，沃伦一直专注地看着大家，什么都没说。在谈话的暂时间歇中（辩论的几派停下来补充“弹药”），沃伦插了进来，冲着辩论者中那位不屈不挠的家伙说道：“比尔，多跟我说说你对那位哲学家的看法吧。”他并没有参与辩论，而是邀请其中一位尽情抒发观点。通过这些举动，沃伦改变了整个谈话的主旨，并提升了它的质量。

吉姆·柯林斯（Jim Collins）也是你能遇见的最有趣的人物了。他是《从优秀到卓越》（*Good to Great*）一书的作者，此书是史上最成功的商业书籍之一，已有35种不同语言的版本。他得到了斯坦福大学的优秀教学奖，而且成功攀登了酋长岩(El Capitan，美国加州优山美地国家公园里著名的攀岩绝壁。——译者注)，这让他得以跻身著名的攀岩联赛新秀之列。但在2005年12月1日出版的《商业2.0》（*Business* 2.0）杂志一篇名为“我的黄金法则”的文章中，柯林斯解释了为什么他的法则是：“不要逢人就讲自己的趣事。”

这条黄金法则，我是从伟大的领袖人物约翰·加德纳（John Gardner）那儿学到的，他在30秒钟内改变了我的人生。加德纳是“共同事业组织”（Common Cause）的创始人，曾任约翰逊总统时期的健康教育与福利部长，也著有经典著作《自我革新》（*Self-Renewal*）。他的晚年在斯坦福大学度过，担任教授和导师。在我教师生涯早期（我记得是1988年或1989年）的某一天，加德纳找我谈话。“吉姆，在我看来，你花了太多时间想让自己成为一个有趣的人，”他说，“你为什么不多花点时间，对别人感兴趣呢？”

如果你想享受一次有趣的晚餐闲聊，你要对别人感兴趣。如果你想找到有趣的写作题材，你要对外界感兴趣。如果你想认识有趣的人，就要对你遇见的人感兴趣，他们的生活、他们的历史、他们的故事。他们从哪里来？是如何走到了这里？他们学到了什么？施展“对别人感兴趣”的艺术，绝大多数人都能变成良师，几乎人人都有有趣的故事可讲。

那些睿智的人，比如沃伦·本尼斯（毫无疑问，还有戴尔·卡内基）天生就知道这一点；而“聪明胜于睿智”、更年轻、更野心勃勃的人，比如吉姆·柯林斯和你——尚在学习的，是如何真正赢得朋友并影响世上最优秀的人——要抱着兴趣倾听他们，而不是一心想着给他们留下深刻印象。

从脑科学的角度来看，这样做的原因是：你越是对别人感兴趣，你就越是减少了此人的“镜像神经元接受匮乏”，即那种生物学的、对外部世界映照出自己的情绪的渴望（请参见第 1 章奥秘 2）。**你这样做得越多，对方回报的感激就会越多，对你的感同身受就越强。所以，若是想成为有趣的人，就别老想着让别人对你感兴趣。相反，对别人感兴趣吧。**

## 谁更有趣

我再举一个例子，帮你理解这条法则的重要性。想象一下：某个假日，邮件刚刚送到，你正在分拣一堆卡片。你打开第一封，里头掉出来一封信，上面写的是：

> 今年鲍勃和我带全家去了秘鲁的马丘比丘，真让人毕生难忘！现在我们在玩交际舞和艺术烘焙啦。叫我们疯子好啦，可就算加上全部的慈善工作，我们也还有时间。（上个月，医院把年度志愿者奖颁给了我，真是受宠若惊！）鲍勃刚刚升成副总裁，是他公司历史上最年轻的副总裁哦。杰西的足球队在全州锦标赛里名列第一，小布兰迪在《胡桃夹子》里头领舞，全场观众都站起来喝彩呀，我们自豪得都要哭出来了，她显然遗传了家族的表演天赋！希望你过得好……下回我们过来的时候来看你哦……

接下来，你打开了另一个朋友的来信。里面写的是：

嗨，最近过得好吗？内特和我有天看见了一辆老破车，可真像你在大学里开的那一辆。你把那怪物弄哪儿去啦？（你开着那玩意儿，怎么还能搞来那么多约会？）

我们盼着最近能进城来，约你一起去吃午饭。我们也很想见到孩子们。丽萨申请了茱莉亚音乐学院没有？她去年录的那盘带子，我们一直在听，每次听我都感动得一塌糊涂。真是个金嗓子，告诉她，我们迫不及待看她登上百老汇的舞台哦。

至于我们，孩子们一切都好，内特和我依然干得太多而挣得太少，可不管怎么说我们挺开心。祝假期愉快，我们想念你！

比较一下这两封信。要说谁赢得了“有趣奖”，毫无疑问是第一个人，不是吗？我的意思是，这两个人压根就没法比。第一家有钱，有酷帅的业余爱好，他们聪明，见多识广，而且显然很成功。相比之下，第二个家庭的生活可能很平凡。在“难道我们不有趣吗”的比赛里，他们显然输掉了。

可他们没有。他们赢了，而且比分遥遥领先。为什么？因为他们对你感兴趣。因此，如果他们请你吃午饭，你很可能说“好哇”。但第一对儿呢？他们打电话来的时候，你多半会告诉他们，“不好意思，我们这周不在家”。挂上电话之后，你会释然地长吐一口气。这夫妇俩的致命错误是，他们太想成为有趣的人了，结果却变成了讨厌鬼。

和别人交谈的时候也是一样。你越是尽力说服别人相信你聪明绝顶、魅力无限或是才华横溢，人家就越是觉得你这人无聊，或是觉得你太以自我为中心。如果你打断别人的讲述，匆匆忙忙地插入你自己的事情，就更是如此。

如果你试图接触的是上层人物，比如公司CEO或其他成功人士，一心想着显摆自己多有趣，这种行为的反作用尤其厉害。这些人对自己的有趣程度相当自信，在这方面很有安全感，而他们喜爱的也是这样的人。过于努力地给他们留下深刻印象，这就好比暴发户的炫富行为会惹恼世家子弟一样，会惹烦对方，把他们“轰走”的。

## 不要只是“显得”感兴趣，要发自内心地感兴趣

就像老笑话里说的，“真挚是无法伪装的”。感兴趣也是无法伪装的，所以你连试也别试。你越是想影响并接触那些目光敏锐的成功人士，你对他们的兴趣就要越真挚。

最近，我和一位 35 岁上下的保险业人士和一位 30 出头的女律师一道吃午饭。那位先生问的都是正确的问题：“你从哪儿来？”“你是怎么进入这个行业的？”“你喜欢这一行的什么呢？”“在你看来，最好的客户是什么样子？”

他的提问给我留下了深刻印象，那位年轻女士也带着极大的热情回答了他。可唯一的问题是，他问出这些问题的时候，显得并不热诚。相反，他就像是在按照销售培训的课本提问似的。他做得不错，足以赢得了席间那位经验不算太多的年轻女士的好感，可那些经验更为丰富的资深客户和潜在客户们——这些人通常都极为敏锐，一眼就看得出谁在扯淡，肯定会发现他的虚伪，把他“当午餐吞下肚去”。

那么，如何才能掌握“对别人感兴趣”的技巧，而且要充满诚挚？

**第一个关键点是，别再把谈话看成是网球赛。**（他得了一分，现在该我得分了。）相反，把它看成是场侦探游戏，而你的目的是尽可能了解对方多一点。对方身上必有十分有趣的地方，你应该带着这种心态开始谈话，并且下定决心找到这些有趣的东西。

这么做的时候，你的期望会在眼睛和肢体语言中流露出来。你会自发地提问，让对方充分讲出有趣的故事，而你却不会总想着去“打败”人家。你会用心倾听对方的话，而不是一心想着接下来你该说些什么。

**第二个关键点是，你应该问那种显示出你想了解更多东西的问题。**当然了，要让对方敞开心扉吐露心声，好让你对他们的话感兴趣，这并非总是那么容易的。我发现，在商务场合，以下问题的效果最好：

- 你是怎么进入这一行的？（这条问题要归功于洛杉矶的超级仲裁律师杰夫·基柴文 [Jeff Kichaven]；他说这问题能让人们开口一直说下去，而且屡试不爽。）

- 这一行里你最喜欢的地方是什么?
- 在你的职业生涯（业务、人生等）里，你想要实现什么目标?
- 为什么这个目标对你这么重要?
- 如果你准备实现这个目标，这对你意味着什么？它会促使你怎么做?

在个人交往中，例如参加派对或首次约会的时候，以下这些问题往往会引发真心真意的回应：

- 说起给你家孩子的球队当教练（或离家生活等等）的事，最有趣的（或最糟糕的）地方是什么?
- 在你的生活中，对你影响最大的人是谁?
- 你最感激的是这个人吗？如果不是，是谁呢?
- 你有没有机会感谢那个人？（如果对方问你，“你为什么要问这个？”你可以这样回答：“我发现，让人们有机会说说自己感激的人，会带出他们最美好的一面。”）
- “我想请你想象一下，人生尽善尽美的样子……好，请告诉我，你看见了什么？”（我要把这个小窍门归功给洛杉矶的人力资源专家莫妮卡·厄奎迪 [Monica Urquidi]。如果对方问你为什么要问这个问题，这样回答：“我发现，了解人们的希望和梦想，就会知道什么东西对他们来说最重要，这是个值得了解的好事儿，你不觉得吗？”）

遇见陌生人的时候，我会尽力问出能让对方作出这种回答的问题：“我感到……，我认为……，我曾经做过某事，我会去做某事，”我把这叫做FTD 法则（感到/认为/做的英文分别是 Feel / Think / Do。——译者注）。当人们问出的问题能够让我作出这三种回答的时候，我会觉得对方了解了我是谁；如果大家谈的只是“我们感到”、“我们认为”或“我们曾做过或将会做什么”，我多半不会有这种被了解的感受。我们是谁，其中大部分是由“我们的感觉、我们认为、我们做过”而构成的，因此，如果谈话能够让我们表达出这三项内容，我们就会更加满足。

在你的问题中，总会有一个能起作用，你会看到对方身体前倾，热切地对你讲述。这个标志出现的时候，你要做出正确的举动：闭上嘴，倾听，再多听一点。接下来，一旦对方的讲述告一段落，再问对方一个问题，而这个问题能够证明你刚才听到了（并且关心）对方刚刚说到的东西。

例如，如果对方告诉你，她的大学数学老师对她有重大的影响，也说出了原因，你不要滔滔不绝地大谈你自己的教授如何如何。相反，用这样的问题接上去："我很想知道，你为什么选择那所大学？"或者是"那位教授后来怎么样了？你们现在还有联系吗？"

另一个显示你感兴趣的方法是，总结对方刚说过的话。例如，对方刚给你讲了一段噩梦般的旅行经历。那你可以重述故事中的几个关键点："我的妈呀！你摔断了腿，可还是上了飞机。真不可思议。"（另一个好方法是，有机会的话就向对方征求建议："真来劲啊，你自己种香菜？快教教我，香菜怎么才能不抽薹？"人们都喜欢提建议，因为这让他们感到自己既有趣又睿智。）

某些时候，如果你熟练又诚挚地运用了这些方法，由于对你的真心倾听（这在世上太少见了）心怀感激，对方可能会回问你，"那你呢？"

此时此刻，你寻求的全胜局面出现了，因为对方对你产生了兴趣，以此来回报你对他的兴趣。

**案例直击**

## 全胜绝招：问对问题

"我有个问题，"主持人询问的话音刚落，我就脱口而出，而此时此刻，我还不知道要问什么呢。

这里是洛杉矶中央威尔士地区的史泰博（Staples）店，我来这儿只有一个目的：向史泰博的创始人兼CEO汤姆·斯坦伯格（Tom Stemberg）问出第一个问题，一个他想让我问、听众也想听的问题。

我的一个同事，南加州大学商学院的教授、人际关系网络方面的专家帕特里克·亨利（Patrick Henry）说过，想要接触有权势的人，最好的方法就是在此人面向大量观众演讲之后，第一个站出来提问。帕特里克解释说：听众会感激你有勇气第一个站出来打破坚冰，而演讲人也会感激你用一个好问题给提问环节开了个好头，避免了鸦雀无声的尴尬场面出现。

但是，诀窍在于，要问对问题。

我已经在200多场电视和广播节目中当过嘉宾，所以脑子转得还算快，话筒递过来的那5秒钟已经足够了。我飞快地想："什么问题是听众和我想听而汤姆也想回答的呢？"就在主持人把话筒递给我的那一瞬间，那感觉就像在接力赛中接过了接力棒，我想到了："斯坦伯格先生，如果有机会重新来过，您最想做的，并且能避免你职业生涯中很多麻烦的事情是什么？"

汤姆·斯坦伯格是个极有才华的企业家，可那天他看起来像离开水的鱼，浑身不自在。但是，在我问出这个问题之后他来了精神，显然是接受了这个挑战。

他热情地回答道："我会多等一段时间再拿风投的钱。当时我没有意识到的是，如果你想出了一个聪明的新点子，而风投圈子里也听说了，你就相当于请来了一大堆竞争者。如果我有机会重新再来，我会推迟这个过程，确保我能站在更好的起跑点上，而不是招来25个竞争对手，在公司创业早期，我们不得不对付这些人。"

旁边也有人想回答这个问题，但汤姆意犹未尽，把话筒又拿了回来。"还有件事，"他更加热切地加了一句，"在面向家庭和公司的送货业务方面，我们也比竞争对手晚了一步。我们为按需定制产品和服务的能力而自豪，可我们本该想到，女秘书们大多不喜欢扛着大包大包的打印纸爬楼梯。所以，欧迪（Office Depot）在这方面比我们早了一步，但我们会赶上的。"

正像帕特里克预测的那样，听众和汤姆都感激我用问题打破了坚冰，而且汤姆直接面对我回答了问题。这就给了我一个机会：事后跟进，并就他的发言写信给他，好让他记住我。

我没有采取常人的做法，但是它却见效了。我并没有精心设计一个问题，好让我自己显得酷，显得聪明机智。相反，我问了一个汤姆乐于回答的问题，这个问题会让听众对他产生兴趣。而这让我从人海中的陌生人变成了一个……我能这么说吗？……一个他认为很有趣的人。

### → 想想看

看一个人有多自信，就看他对别人的兴趣有多深、多诚挚；看一个人多么没有安全感，就看他是多么努力地想给别人留下深刻印象。

### → 做做看

首先，选出一两个你认为无聊至极的人来，下定决心在他们身上找到一些有趣的事情。

然后，做一件相反的事。挑一个你看来特别有意思的人（你也希望此人更喜欢你、更尊重你）。当机会来临的时候，比如，在派对或会议上，问一些事前想好的问题，显示出你对他的兴趣，而不是显摆自己有多有趣。

优惠赠送一个小贴士：你结婚了吗？或是有同居伴侣？如果是，下次晚上回家的时候就这么问："你那个项目（新菜）做得怎么样了？"这会显示出你不仅关心对方，还愿意拿出额外的心思来，了解他或她生活中的事情，而且对这些事感兴趣。问出这个问题之后，真心地听对方讲述。用这个法子让对方惊讶万分吧。

# 法则5 让别人感到自己有价值

每个人脖子上都挂着一个看不见的标牌，上头写着："让我觉得自己很重要。"

——玫琳凯·艾施（Mary Kay Ash）

玫琳凯化妆品公司创始人

我准备告诉你一些你已经知道的东西作为本节的开头。然后我要告诉你一些听上去很疯狂、但实际上并不疯狂的事情！真的，的确如此！

准备好了吗？

以下就是你已经知道的东西：人们需要感到自己有价值。我们需要这种感觉，就像需要食物、空气和水一样。单是在自己心里头知道"我很重要"，这还不够；我们需要在别人的眼中看出这一点。

**让人们觉得自己有价值，这与让他们感到被人理解，感到自己是个有趣的人都不一样，因为你在更深的层次上触动了他们。**当你让别人觉得自己有价值的时候，你相当于在说："你出现在这儿是有理由的。你每天早上从床上爬起来，做你所做的一切事情，这是有理由的。你是这个家、这个公司、这个世界的一部分，这是有理由的。有没有你是不一样的。"

让人们感觉到自己很重要的时候，你就给了他们一份无价的礼物。作为回报，他们往往愿意为你赴汤蹈火。正因为这个，如果你的情商指数很高，你会想办法让你看重的人们，比如父母、孩子、伴侣、上司、重要的同事等知道，他们有多么重要。你会想办法告诉他们，他们让你的世界变得更幸福、更有趣、更安全、更快乐，让你的压力和胆怯变得更少，让你周围的一切都变得更美好。

我猜，到目前为止你还是同意我的。这里头大部分都是常识，而且你也看得出来，它们的确有用。到目前为止，它们都还不错。

可是，这是容易接受的一部分。现在我要说一些不太容易接受的东西了。我想说服你的是：应该努力让你周围的讨厌鬼们（比如那些爱抱怨的、爱吹毛求疵的人、喜欢碍事的人）感到自己很重要，这可是一记高招。

你多半在想："神经啊，你！我干吗要让这些坏事的家伙感到自己很有价值呢？他们有什么价值？"

答案很简单。这些难伺候的、容易心烦的、难以取悦的人们有个共同点：他们觉得这个世界对他们不够好。其实，他们觉得自己不够重要、不够特别，这种糟糕的个性成了他们成功的障碍。

在第 1 章奥秘 2 中，我说起过大脑对他人的"镜像映射"，以及我们想要从别人那里得到映射和回馈。这些爱抱怨、喜欢惹麻烦的人们往往都有严重的"镜像神经元接受匮乏"，周围的人们越是对他们避之不及，越是忽视他们，这种匮乏感就愈加严重。每一天，他们都试图给别人留下深刻的印象……可每一天他们都得不到想要的反馈。他们如饥似渴地想要受到关注，他们想要感到自己很重要，可是，如果找不到好办法来得到这些东西，他们就会使用拙劣的办法（叫它"涂鸦法则"好了。）。

简言之，这些人把你气得发疯，是出于一个简单的理由：他们需要感到自己很重要。想让他们停下来，不再害得你抓狂吗？那你就需要满足他们的需求，请看例子——

不久前，我正在跟一个名叫珍妮特的中层经理私下谈事情。在我们谈话的时候，被大家一致恶评为只会浪费别人时间的办公室助理阿妮塔冲进办公室说："我有急事找您！"

阿妮塔就一件芝麻绿豆大的小事滔滔不绝地抱怨了一大通。她走后，珍妮特向我诉苦，说她经常这样毫无必要地打断自己的工作。阿妮塔发飙的时候，由于害怕让情况变得更加严重，珍妮特犹豫了一下，什么都没说。

我的建议是："下次阿妮塔再来找你，你让她先说几句，然后坚定地说，'阿妮塔，你说的这些太重要了，我必须专心地处理才行。可现在我还没空，因为我手上还有事情没做完。所以，我想请你两小时后再过来，那时候我能拿出五分钟时间来专门帮你处理这些事。但与此同时，你去考虑考虑，你想对我说什么、想让我怎么做、公司的现状是否允许。你要仔细想一想，这对牵涉到的每一个人是否公平，是否符合我们的目标。把这些问题想清楚，我会很乐意帮你做到的。"

几天后，我再次跟珍妮特见面，她已经试过了我教她的招数。她说阿妮塔再没回头找过她，而且自打那以后一切顺利。

我对珍妮特解释说：许多"问题人士"冲进来找你，只是为了发泄一通而已。他们之所以这样做，是因为他们自觉在公司内毫不重要，对此他们十分沮丧。如果有个上级能告诉他们，他们很重要，这会极大地缓解他们的失落感。我也解释说，喜欢抱怨的下属往往并没有解决方案，所以当你把这个当做迟些时候谈话的基础的时候，这是个完美的、合理的要求，他们往往就此打住了。

用这个方法对付工作中的捣乱分子很管用，在生活中也一样。就像那些烦人的同事一样，爱吵架的邻居、难相处的亲戚往往会惹是生非，因为他们想要赢得你的注意力，想让你赏识他们。（如果他们找不到这种感觉，就会表现出来。）所以，把他们想要的给他们吧。

为了说明这个方法是如何起作用的，我们来看一个几乎每个家庭都会遇见的问题：某个不招人喜欢的亲戚把你家的假日晚宴变成一场噩梦。你没法不邀请他们，可你也知道，他们会发牢骚，争论不休，或是大发脾气，把其他客人逼得快要发疯。这问题没法解决吗？才不是呢。这时候，未雨绸缪和"你很重要"的措辞会创造奇迹。

以下就是做法：在你请客的前一周，给那些麻烦分子逐个打电话。如果你是位女士，又有同居的男性伴侣，那么就请他来打这个电话。这是因为，如果开口求助的是个男人，对方就更难拒绝。电话里你这么说："我打电话是想请你帮个忙，因为你在我们家的家宴上可是个非常重要的角色哦。除了假期，咱们大多数人平时都见不着，甚至连说话都没机会，都不知道谁最近过得不好，比如，身体很不舒服，失去了亲人，或是遇上了严重的财务问题之类的，所以这种聚会可能很尴尬。既然你是我家的常客，又是这么重要的人，我想请你帮忙，在大家刚到的时候接待一下，问问他们的近况和新鲜事儿，把气氛弄得活跃一点儿。"

这样和蔼的一番话，这样一个令他们（这些人觉得生活是如此无情地欺骗了自己）感到自己很重要的机会，不仅会让人感到受宠若惊，而且会让人放下武器，缴械投降。你的宾客很难这样回答："啊，还是免了吧。我正打算过来毁掉每个人的好心情，就像我每年做的那样。"

然后，晚宴举行的那个晚上，你站在门口亲自欢迎这些麻烦分子，拍拍他们的胳膊说："我想让大家玩得自在点，这可全靠你了啊。"在此人开口回答之前，你说："噢，不好意思，我得过去忙乎啦。"然后放你新任命的"友好大使"出去传播欢乐和阳光吧。令人惊讶的是，他或她往往能干得很漂亮。

每次假期请客之前都这么做，你会发现你的问题解决了。事实上，你的前任问题制造专家很可能变成了你强有力的同盟军（"至少有人看重我！"），而且，为了让聚会成功，他们愿意做任何事情。

这说明什么？你生活中的那些好人需要知道（也值得知道），他们很重要。而那些烦人的家伙或许不值得，但他们更加需要这种感觉。把这两种人需要的东西——也就是"我很重要"的感觉——都给他们吧，他们也会把你需要的东西给你的。

**→ 想想看**

人理当争分夺秒，可无需争夺重要性。

**→ 做做看**

在你工作或生活中找出一个喜欢制造麻烦的人来。下回此人再抱怨某个问题的时候，就这样对他说："你对我说的问题太重要了，我想请你想出一个解决方案来。等你想到办法之后，给我打电话，咱们一起研究研究你的办法。我真心感谢你的帮助。"

然后，回想一些你重视的、却很可能被你忽略的人。给他们打电话或写信，让他们知道他们在你的生活中非常重要。或者给他们一个"重量级的感谢"（请见第3章秘诀12）。

# 法则6　帮助他人抒发郁结

有时候一天里最重要的，就是两次深呼吸之间的间歇。

——埃蒂·希莱素姆（Etty Hillesum）

荷兰犹太裔女作家

“嘘！听！”我坚决地对阿历克斯说。这位40多岁、备受压力困扰的经理人已经滔滔不绝地发泄了15分钟了，谈的全是他不得不去做的事情，还有那些即将截止的任务时限。

他愕然：“听什么？”

“听听宁静。”我说。

“什么东西？”他问。

“宁静，”我继续说，“它存在于你脑海的噪声和生活中的噪声之间，就现在，它正在对咱们尖叫，想让咱们听见它。”

“啊？”他依然很糊涂。

“闭上眼睛，”我引导他，“用鼻子慢慢呼吸，过不了一会儿你就能听见它了。”

过了一会儿，阿历克斯流泪了，他哭了起来。这样持续了5分钟之后，他慢慢睁开布满血丝的眼睛，面上浮现了一丝微笑。

“感觉如何？”我问。

阿历克斯笑笑说：“这种感觉是我一辈子都在寻找的。而我为了得到它所做的一切事情，真的，一切，却让我离它越来越远。真是发人深省啊。”

他的确好好深思了一番，他思考了那一刻感受到的安宁平和，以及需要做些什么才能获得更多这样的感觉。这是因为他有了抒发郁结的机会，而不是单纯的发泄。

## 帮助他人摆脱痛苦

压力不是坏事，它让我们专心致志，变得果断，考验我们的勇气。而当压力过度，便成了痛苦，我们就看不见重要的长远目标，转而寻求眼下能让我们轻松起来的东西。这一刻，我们太过匆忙地寻找能脱离痛苦的紧急出口，以至于失去了理性，也变得很难接近。

前面的章节中，我谈过让人们“感到被人理解”。如果你与正处在巨大痛苦中的人们打交道，这一条收效甚微。在这种情况下，首要的一步是让他们离开痛苦状态，让大脑能够静下来听你说话。

如果你试图与正处于痛苦状态的人沟通，增加压力会导致灾难性的后果。正是这个错误导致某些人质劫持事件变得性命攸关，它也会毁掉一次商业会谈，或是一段感情关系。如果你迈错了步，濒临痛苦边缘（或已经过了界）的人会做出以下举动：

- 不假思索贸然行事（“噢，是吗，看这个！”摔过来的很可能是个订书机，没准还是个打孔器哩。），这就是我在第1章奥秘2中提过的杏仁核劫持状态，此时杏仁核拔下了大脑理性部分的插头，促使人作出充满敌意的反应。
- 发泄（“你他妈的完全不了解”）。你无法跟一个正在发泄怒气的人对话，因为你会开始为自己辩护，或是还嘴反击。
- 竭力抑制（“都挺好的，没问题，”此话是咬紧牙关挤出来的）。选择这种做法的人会把你拒之门外，而不是打开心门。

可是，处于痛苦中的人还有一条路可走，如果你指给他们看的话，那就是：抒发郁结。就像给化脓的伤口做引流一样，唯有抒发郁结，才能让人们去体会并表达自己的感受，而且不会攻击别人或自己。唯有这种反应，才能让备受压力困扰的人放松下来，并且敞开心灵听取他人的建议。相应地，它也提供了一个切断压力源头、防止复发的机会。

**如果你为痛苦的人提供了一个“呼吸的房间”（一个可以让他抒发郁结的地方和空间），你就不仅是把局面拉回了正常状态。**实际上，你改善了局面。这是因为，除了让他冷静下来之外，你还在你们之间架起了一座心灵的桥梁。有了这座桥梁，你就可以无障碍沟通了。

案例直击

## 抒发郁结的“房间”

在职业生涯的早期，我曾经遇到过一位名叫威廉姆斯的患者，当时他刚被诊断出患有肺癌。他轰走了两位想跟他谈谈病况的精神医生。

“你会爱上这家伙的，”我们走向病房的时候，肿瘤科医生语带讥刺地对我说。我朝威廉姆斯先生的病房里瞄了一眼，只见他气呼呼地坐在那里，时刻准备着把任何心理医生模样、想跟他谈谈病情的人的脑袋拧下来。他没能好好接受事实，可谁又能责怪他呢？而且，他显然需要某些心理方面的帮助。可他就是不想要。

要是我径直走进病房，自我介绍说我是个精神科医师，他非把我撕开了不可。因此我换了个办法。我立即去做了一张新名卡，换掉原先那张印着“马克·郭士顿，精神病学医学博士”的旧卡片。新名卡上写的是：“马克·郭士顿，肿瘤学医学博士。”不光是换上个好听名字，我还准备拿出一副“真医生”的派头。我发誓，戴上那张新名卡，我更加昂首阔步了。

我走进威廉姆斯先生的病房，力图表现得像个肿瘤科医生，而不是精神科医生。我说：“你好，威廉姆斯先生，我是郭士顿博士，肿瘤科新来的医生。”随后我开始问他感觉如何，在想些什么。可我能看出他觉得不对劲儿。我继续说了下去，但他显然识破了我。

有那么一刻，我们的眼光碰到了一起。我知道他想让我滚出去，可我也知道，如果躲开他的视线，那么我就输了。因此，我继续直视着他。盯着他的时候，我看得出来，在他那充满敌意的凝视下，隐藏着很多很多东西。不知道是什么力量驱使了我，我冲他问道：“在这儿待着感觉有多糟？”

他接招，还击回来：“你才不想知道！”

我一下子无语了，可随后想出了这些话：“你说的可能正确，我也许不想知道。可是，除非别人知道你的感受，而且现在就要知道，否则你就要疯了！”

我被自己的大胆吓了一跳，特别是面对这么一个身患重病的人。我继续直视着他的双眼，不晓得他会说些什么。他极度紧张地瞪着我，可随后忽然咧开嘴笑了。他说：“嗨，已经这样了，还能如何呢？坐下说。”

他开始讲述自己有多么生气，多么害怕。随着讲述，他释放出来的压力越来越多。我们谈过之后，他开始配合医疗小组。他的医生告诉我，他甚至要求减少止痛药用量。而我则从敌人变成了倾诉对象，威廉姆斯先生会主动找我，倾诉他的恐惧和感受。

## 引导别人抒发郁结

第一次见到威廉姆斯先生的时候，我根本用不着问他，甚至用不着看病历，就能知道他很痛苦，濒临崩溃。他的肢体语言把这些全部表达出来了：那愤怒的表情、僵硬的肩膀、交叉的手臂，都在说着：“滚开，别来烦我。”

如果你在对方身上看到这些肢体语言，不要试图摆事实讲道理。这没用，因为除非这个人把心里的压力都释放出来，否则你什么结果都得不到。你要明白，你没法让对方这么做，但是你可以让他或她想要这么做。

比如说，你正跟老板迪恩面对面。他在桌子后头盯着你，双臂交叉，眉头紧蹙。让迪恩抒发郁结的最佳方法之一，就是让他把交叉的双臂放下来。这儿指的既是真正的胳膊，也指的是他头脑中的。牢记这一条：就像股骨连着腿骨一样，人们头脑中交叉着的双臂也连着真实的双臂。让一个人把交叉的胳膊放下来，他头脑中的那两只也会放下来。

要做到这一点，问迪恩一个能够引发强烈情感的问题。（正因为这个，我才刺激了威廉姆斯先生一下，尽管这看似违背常情——对重病的患者不该这样做。）言语不足以表达他的情绪，他会用上胳膊来表达意思。正是因为这个，你经常能看到人们在说话的时候用手臂来加强语气，哪怕在打电话的时候也是这样。

当迪恩放下了交叉的双臂，用它们来沟通的时候，这举动会打开他脑海中的大门。问题是，这扇门刚刚打开的时候，还没有地方能让你进去，因为门里头正在向外开炮呢。所以，你应该这么做：

1. 让迪恩有充裕的时间表达。人们发泄怒火、抱怨、发牢骚的时候，正是在尽力防止杏仁核劫持状态的出现，而这种状态可能会让他们做出某种“是战还是逃”的举动来，造成更大的破坏。他们一旦加快了速度，就不希望被人打断。（这就好比在高速公路上堵了半天之后，你终于能进洗手间了。还没释放完之前，你肯定不想打住吧。）对方尚在发泄、抱怨、发牢骚的时候，你最该做的就是不要打断他。

2. 不管迪恩说什么，你都别跟他争论，别为自己辩护。

3. 等他发泄完了，你们两人肯定都精疲力竭了。不要把这种状态跟“放松”混淆起来。精疲力竭和放松之间的区别在于：当你精疲力竭的时候，你感到的是空虚和疲惫，别人说什么你是听不进去的。此时，看上去好像该你说话了，但这不是时候。此时开口，正是绝大多数人都会犯的低级错误。如果你现在说话，迪恩会关上心门，因为他太累了，没法听你说。

相反，他“停火”之后，你停顿一下，然后简单地说一句：“再多跟我说说。”

这么说有诸多好处：

- 当迪恩发现，原来你并不打算跟他争论的时候，他就放下了戒心。如果你不想对着干，他就没必要跟你对着干了。
- “再多跟我说说。”这话意味着你在听他说话，并且真的听到了他的烦恼。这也会消除他的主观臆想，刚才他冲你发了半天飙，现在该你反击了。
- 迪恩冲你发泄了一通，你却不跟他争辩。这个时候他就开始抒发郁结了。当他放松下来，释放痛苦的时候，你从他的手势、表情中，甚至从他的呼吸方式中，都能够看得出来。

如果你能允许迪恩抒发郁结，然后对他的不快感同身受，他会感到释然，并且感激你。很多时候，他会愿意回报你。为什么？想想我在第1章奥秘2中讲到的镜像神经元。当你把一副重担从某人肩上卸下来，此人往往会想要为你做些相似的事情，来镜像映照你的行为。

有时，你可以这样来帮助一个正在发泄的人进入抒发郁结的状态：“闭上眼睛，只要呼吸就行。”（我对阿历克斯用的就是这个方法。）这个举动会激发出一种反应，身心疗法的先驱人物赫伯特·班森（Herbert Benson）称之为“放松反应”（relaxation response）。这跟你作冥想时的反应是一样的。在这种生理状态下，人的心率、新陈代谢速度、呼吸频率和脑电波都会减慢，而这恰好与“是战还是逃”的反应相反。这会引发一连串有镇定作用的化学变化，让对方得以抒发郁结，“倾听宁静”。（如果你面对的是一个正在无法自控地发泄情绪的孩子或青少年，我推荐你用用这个方法。）

然而，帮助一个人发泄情绪，继而抒发郁结的最关键的一点就是：听之任之，顺其自然。绝大多数人在对方处于发泄阶段时就提前切断了这个过程，他们开始为自己辩护（“你该责怪的人又不止我一个”），或是试图提供解决办法（“哎，要是你这么痛恨这个工作，没准你应该去找个新的”），或者变得紧张起来，企图让事情好转（“是啊，我知道这不好受，咱们现在干脆别想这些事，出去吃个午饭吧”）。这些错误一个也不能犯，因为让一个人抒发郁结，就像为感染的伤口作引流一样，没做完就是没做完。等到真的做完的时候，你自会得到回报。你会得到一种浓烈的、建立在强烈的释然和感激之上的情感联系。而你可以借助它，让对方听进去你要说的话。

本节的结语是写给父母们的……尤其是那些家有十几岁孩子的父母。我之所以写这些，是因为如果你能让处于青春期的孩子抒发郁结，你会放松家里每个人的心情。

如果你抚养过十几岁的孩子，你就会明白，他们经常看上去像是外星人，从某种程度上来说，还真是这样。与成年人相比，青少年对悲伤情绪的生理反应要强烈得多，也会释放更多的压力荷尔蒙。他们的神经递质，即多巴胺和血清素的水平也不一样，这让他们遇事更容易冲动。他们的神经元依然在生成保护层，并修理多余的神经元连接（这两种活动最终会导致成熟的思考），而且他们的决策回路也尚未发育完全。因此，他们的压力很快就会变成痛苦，不能作出妥善的决策，不能以成熟的方式来沟通情感，而且他们的情绪很容易爆发，变得喜怒无常，或是说出“我恨你”这样的话。

这些道理解释了他们的行为，可你呢？我们这些做父母的都会犯错：我们太过专横，保护欲太强，太过焦虑，太逆来顺受。这些错误让本来就十分冲动、容易感到痛苦的孩子们作出疯狂的反应，而我们则把这些反应称为不服管教、行为对立，或是简单地说上一句“小混球”。

为了了解家里是否出现这些情况，给你那闷闷不乐的十几岁的孩子一些机会吧：给他们能与你交谈的机会，给孩子抒发郁结的机会。等到你准备开车，孩子也坐进车里的时候（因为孩子们憎恨不请自来的谈心，那感觉总像是要训人似的），然后问这些问题：

- 你妈妈（爸爸）或我让你最郁闷的是什么呢？
- 这感觉有多糟？
- 这感觉让你想做什么事？
- 你真的做了什么呢？

然后，如果孩子诚实地回答了这些问题，你要说（而且是真心实意地）：

“对不起，我不知道有这么糟糕。”

用这个方法让孩子一吐不快且流泪时，你不必惊讶。更重要的是，泪水过后，你们之间可能会展开一次很久以来不曾有过的、没有敌对情绪的对话。这是因为，抒发郁结会帮助孩子控制住那个奇怪、冲动、情绪化的大脑，起码控制住一两个小时，给你们一段愉快的时光。

**→ *想想看***

忘掉音乐这东西。如果你想抚慰内心那头暴烈的野兽，那就让它破笼而出吧。

**→ *做做看***

如果你想和一个强压情绪的人沟通，你可以这样问：“我有没有让你觉得，我不够尊重你？”或者是“我有没有让你觉得，你说的话不值得一听？”

作好准备，迎接情绪化的反应吧，不要打断对方，也不要为自己辩解。让对方发泄情绪，抒发郁结。那一刻，正面情绪会逐渐填满负面情绪留下的坑洞。

# 法则7　消除错位现象

最成功的人，就是那些对自我没有任何错觉的人。

——巴·布雷（Bud Bray）

《现在逃开去参加马戏团，会不会太晚》作者

杰克是一位税务律师。他文质彬彬，温和有礼，代表客户跟国税局打交道的时候冷静又镇定。他的事业非常成功，这是因为他的准备工作做得极其充分，而不是因为他有咄咄逼人的个性。

尽管杰克的业绩骄人，但他还是来找我咨询。这是因为，比起一些能力没他强的同行，他的业务还没人家多。我没用多长时间就发现了原因。

“人们聘请注册会计师去跟国税局对抗的时候，”我说，“他们下意识地想找个角斗士。这是因为他们希望此人在必要的时候能出手‘杀敌’。”可杰克完全不像个杀手。因此，就算他告诉大家，可以成功搞定跟国税局之间的官司，可在大家看来却不像那么回事。

杰克说，他不愿改变自己的个性。“你用不着，”我说，“你只要改变他们对你的印象，解决印象错位的问题就行啦。”

我的建议是，当潜在客户态度犹豫的时候，他应该补上这么一句：“哦，顺便提一句，如果你决定找我替你搞定国税局，你应该知道，我是个‘杀手’，但不是个‘凶手’。”

我继续告诉他，如果客户被这话吓了一跳，他应该这样解释：“很多找

税务律师的人都害怕自己把事儿弄砸了，怕国税局要来灭了他们。他们想找一个能够跟国税局面对面交手，而且能赢的人。因为我看上去脾气很好，有的人会觉得我在必要的时候没法痛下杀手。可他们错了。我会作好充分准备，替客户出头杀敌，因为我的充分准备总是能胜过国税局。但我不是凶手，凶手纯粹是为了杀戮的乐趣而去毁掉别人的。”

杰克尝试了这个做法，结果非常成功。他说，这个方法让更多人决定聘请他了，而且也让他在初次见客户的时候更加自信。

杰克来找我，是因为什么问题呢？是因为“错位”。你认为你是这样，但在别人眼中却完全不是这样，这就叫做错位。比如杰克，他认为自己的风格叫做“低调”，可事实上别人认为他是羞怯胆小，直到他让人们从不同的角度看待他为止。

错位也可能是这样的：你以为你表现出来的是睿智，但人们认为是狡猾；你以为你表现出来的是激情，但别人认为你很夸张。在这种情形下，结局就不是接纳，而是拒绝了。

错位还有一些表现形式：你以为你准确理解了对方的意思，可对方不这么想。没有比听见这种话更烦人的了：“我知道你是打哪儿来的。”可实际上你压根不知道。这种情况往往是因为你倾听得还不够仔细，并没有了解对方想要表达的意思。

错位，会让对方不再去想“这个人能为我做些什么”，开始怀疑“这人打算对我干些什么”。错位也会阻挡你和对方建立联系，或者从神经学的角度说，阻挡你建立起镜像神经元的同理心，因为你发送出去的信息并不是你以为的那个样子。如果你的自信看上去像是傲慢，你的忧虑听起来像是歇斯底里，你的冷静被解读为冷漠，别人就无法响应这些东西。如果你没有正确地理解他们，比如说，如果你把他们合情合理的委屈误解为歇斯底里，那就会对你们的关系造成致命的伤害。

在夫妻间的争吵中，错位现象是常见的罪魁祸首。就拿罗伯特和苏珊的例子来说吧——

这两口子30多岁，来找我作咨询。他俩吵架主要是因为罗伯特晚回家吃饭的时候，总是不事先给苏珊打电话；而苏珊呢，又管得太死。（像你认识的人不？）

他们说话的时候，苏珊经常这样谴责道："你从来都不打电话回来说你几点到家，你也太不考虑别人了。"

罗伯特就会这么还嘴："你太霸道了吧，你管得也太死了。"

最后我制止了他们，问他们都听到对方说些什么。他俩都说，对方说的是，"我是对的，而你是错的。"

我反问道："真的吗？你们两个真的说是，'我是对的，你是错的'吗？"

苏珊看着我说："不，我不是这个意思。"罗伯特也表示同意。

"那你真正的意思是什么？"我问。

他俩都说："我说的是，我并不总是错的！"

"这么说，你们俩为自己辩护的成分要大过攻击对方喽？"我问。

"一点不错，"他俩都同意。

"嗯，"我说。"所以，每次你想保护自己免受对方攻击，可对方认为你是在发起攻击。"

罗伯特笑了，他意识到这个问题在一次次地重演。他后悔地说："唉……我们花了几百美元，请了心理医生来发现这个问题。"

**导致错位现象的罪魁祸首是：人们感到最软弱无力的时候，就会拿出自己最糟糕的一面。**因此，当一个男人或女人冲着自己的伴侣、孩子、父母大吼，或是老板冲下属大吼、客户冲客服代表大吼的时候，都是因为那个发脾气的人觉得别人没在听自己说话，或是别人不在乎自己。换言之，发脾气的人并不觉得自己是在凶巴巴地吓唬人（尽管对方的感受是如此）；相反，他觉得无力，觉得自己很渺小。这就是最极端的错位现象，并且总会导致糟糕的后果。

错位让你没法跟别人沟通，也没法让别人跟你沟通。就像苏珊和罗伯特发现的那样，错位会导致关系出现裂痕；也像杰克发现的那样，错位会阻碍职业发展。因此，你需要找出自己身上错位的因素，并且纠正过来。

以我的经验看来，10个最常见的导致错位现象的误解是：

表 2-1　10 个错位现象

| 你以为自己是 | 别人认为是 |
| --- | --- |
| 精明 | 狡猾 |
| 自信 | 傲慢 |
| 幽默 | 不得体 |
| 精力充沛 | 亢奋 |
| 立场鲜明 | 固执己见 |
| 激情 | 冲动 |
| 强势 | 死硬 |
| 注重细节 | 爱挑毛病 |
| 安静 | 被动，或是没主见 |
| 敏感 | 对情感需索过度 |

可挑战来了：你怎么知道别人怎么看你呢？答案很简单，但会让人不太舒服：询问专家，也就是你自己的亲朋好友。这过程并不好玩，你得厚脸皮才成。但是，最快发现自己身上的错位现象的方法就是，找两到三个诚实的(或是直率的)、相当了解你、并且你信任他们的判断能力的人，请他们描述你身上最糟糕的特质。

一般说来，就算是直率的人也不太愿意这样做。想让他们开口的话，不要说："我性格里头有什么让你觉得烦，或是冒犯你的地方呀？"因为他们肯定会说："没有啊。"相反，给他们一张表格，这么说："请你按照一二三的顺序，把我可能会惹恼别人的前三项性格标出来。"你的表格可以这样写：

如果你找了三个人来做，你很可能会发现相似的答案。比如说，如果

表 2-2　自己的性格表

| 傲慢 | 古板 |
| --- | --- |
| 亢奋 | 过于敏感 |
| 对情感需索过度 | 狡猾 |
| 过分固执己见 | 不值得信任 |
| 冲动 | 态度夸张 |
| 死板 | 粗鲁 |
| 爱挑刺 | 害羞 |
| 被动 | 悲观 |
| 没主见 | 鲁莽 |
| 要求苛刻 | 过于活泼 |
| 对人有敌意 | 听不进去别人意见 |

有两个人选中了“鲁莽”，相信他们，哪怕你确信自己不是这种人。他们很可能会委婉地说：“哦，其实你也不是那样的，可……嗯，有些人可能会觉得你有点鲁莽。我是说，我不这么觉得。可我觉得有些人可能会这么想吧。”如果是这样，你别自己骗自己：他们真正的意思是，“我认为你太鲁莽了。”如果你的朋友们这样说，这八成是真的。

如果你的承受能力不错，就请这几位详细跟你说说。比如，你可以这样问：“我的哪些行为让人觉得鲁莽？”“这种情况多长时间出现一次？”“如果我……做，是不是就没那么鲁莽了？”（不要跟他们争辩，也不要因为他们的话而生气，否则你的清单上就得多勾上一项“听不进去别人意见”了。）记住他们的答案，在接下来的几天或几周内，留心自己跟别人打交道的方式，努力发现那些朋友们指出的行为。当你能发现的时候，就能改掉了。

这样做以后你会发现，和人们接触起来容易多了。因为错位会让人们不安地琢磨：“这人身上就是有些地方我不太喜欢，或是不太信任。”他们会因此一直拒绝你。把这些错位现象消除掉，他们的不信任感往往也就消除了。

## 前　馈

克服错位现象有个好方法，就是著名的商业教练马歇尔·古德史密斯（Marshall Goldsmith）所说的“前馈”。以下就是它的作用原理。

首先，选出一个你最需要改正的行为。（例如，“我希望自己能更好地接受别人的意见，这样人们就不会认为我总爱为自己辩护了。”）现在，找任何人，配偶、朋友，甚至陌生人都可以，请这个人给你提建议，为了改进这个行为，你今后应该做哪两件事。

更好的情况是，告诉此人你想改进自己的行为，以便成为更好的老板、下属、朋友（你和此人是任何关系都可以）。告诉他，你想听听他的具体建议，从他的角度来看，为了改善你们之间的关系，你今后应该怎么做。

如果这个人了解你，请他或她不要说你过去做错过什么，只说从今以后你应该做些什么。仔细倾听对方的话，只需回答两个字：“谢谢。”然后再找不同的人，重复这个过程。

这个方法的妙处在于，绝大多数人都不愿听对过去所犯错误的批评，可几乎所有人都更愿意听到对未来的好建议。就像古德史密斯说的那样，“这个方法有效，是因为我们不能改变过去，却可以改变未来”。

顺便说一句，如果你想要娴熟地掌握这个方法，请读读古德史密斯的著作《魔鬼管理学》(*What Got You Here Won't Get You There*)。我不会无缘无故地推荐书籍，但对每一个身处管理岗位的人来说，这都是一本必读的好书（我觉得每一个人都应该看看，不管是不是从事管理工作的)。在这本书里，古德史密斯列出了20个阻碍你前进的行为习惯，并且告诉你该如何使用上述方法和其他手段来改掉这些习惯。这本书里我最喜欢的三条是：“太喜欢加分”、“喜欢用‘不’、‘但是’或‘可是’来开头”、“告诉世界你有多聪明”。我喜欢这几条，是因为：(1)你能看得出来，这几条导致了镜像神经元接受匮乏；(2）它们是不会倾听的绝佳例证；(3)有时候这三条都会困扰我。我这么说丝毫不夸张，如果你有些坏习惯想要克服，这本书可以改变你的人生。

## 错位现象对公司造成的危害

和夫妻之间一样，公司也会掉入错位的陷阱。此时，公司自以为向雇员传达了某种意思，可雇员听到的完全不是那么回事。有些CEO们以为自己的公司是绝佳的工作场所，可我告诉他们，员工认为公司气氛令人窒息、不够友善、工资过低，或纯粹一塌糊涂，此时他们往往会吓一大跳。这种情况很糟，因为它无法提供反馈来纠正错位，所以时间越久情况就越坏。CEO往往会变得尖刻，认为“这些人都是效率低下的废物”，并且推行惩罚性的变革，把情形变得更糟。相应地，雇员们变得更烦恼、更生气。由于情势无法得到纠正，就会导致最糟糕的情况出现：CEO只使用最低限度的激励手段，好让员工继续工作，而员工只愿干最少的活儿，只为保住饭碗。这种情况会拖垮公司的。

在一次次见证了这种情况之后，我设计了一套叫做“PEP CEO挑战”(“激情”/“热忱”/“自豪感”这三个字的英文为Passion / Enthusiasm / Pride。——译者注）的方法，来解决这个问题。它是为大公司的领导者设计的，但你可以把它调整一下，在小型的工作组织中诊断并修复错位现象。甚至在你自己家里也可以运用，如果家人愿意的话。但在你开始之前，我要提出警告：这个工具不适合那些心灵脆弱的人，或者是电影《好人寥寥》（*A Few Good Men*）里杰克·尼科尔森（Jack Nicholson）（美国著名电影演员，曾主演过许多为人所知的著名影片，如《闪灵》《无间行者》等。——译者注）的台词里所说的“不能接受真相”的人。

“PEP CEO 挑战”这个方法，是我在曼纽尔（Manuel）的帮助下设计出来的。他是一个出版儿童图书的公司的CEO,他知道怎样将公司运营得更好。为了找出方法，我请他向所有员工发出一封备忘录，上面是这样写的：

1. 我需要你的帮助，把公司变得更好。你对我说的一切，都将完全保密。

2. 假设你去参加一个晚餐派对，听见某人正在谈论他（或她）所在的公司。这个人认为自己的公司在激情、热忱和自豪感这几个方面，全部都可以打满分。如果你认为自己的公司没有这么好，你会有什么感觉？如果是我的话，我会非常艳羡，并且对自己的公司感到不满。

3. 如果我请你在激情、热忱和自豪感这几个方面为你自己的工作和咱们公司打分，最低分1分，最高分10分，你的答案是多少？

4. 如果你的答案中有任何一项低于10分，为了提高分数，应该做哪些事？应该怎么做？请以匿名的方式把你的回答交给我，同时，请不要把这当做罗列不满对象的机会。

5. 收到大家的回复之后，我们会挑出呼声最高的一批改进建议，向大家公布，并且提出相应的方案与行动时限。

感谢大家帮助我们把这个公司变成一个让所有人都能感受到激情、热忱和自豪感的地方。

我向曼纽尔解释说，这个方法看似简单，却能够揭示出那些能够改变公司前途的深层真相。这是因为：

- 激情与公司的愿景相关。人们想要相信自己在做一份重要的工作，这项工作能够为客户创造价值，让自己面带微笑。
- 热忱与执行相关。如果领导者未能尽职尽责，尽管有伟大的愿景，人们也会失去热忱，无法做到本来能够做到的事情。
- 自豪感与道德相关。因为如果公司做了不诚实的事情，极少有人会感到自豪。这也和从事有意义的事业相关，因为随着人们年龄增长，“让世界变得比我们发现它时更美好”就变得越来越重要。

曼纽尔听取了我的建议，在公司内施行了这种做法。人们反馈说，他们希望公司能颁发更多犒赏给做出功绩的人，少奖励那些玩办公室政治的人。他们希望流言八卦和暗箭伤人的事情少一点，希望大家的合作多一些。说到公司的产品，大家希望公司能够更好地执行目标宣言，也就是出版这样的书：帮助父母们教会孩子如何在一个充满竞争、很多时候相信人性本恶的世界里取得成功，并且过得快乐。

曼纽尔作出承诺，要解决上述所有问题。他得到了回报。次年，公司的业绩和利润上升了40%。特别是，他把“暗箭伤人和办公室政治”的议题牢记在心，开除了那些心态消极的人。更为重要的是，他自己的激情、热忱和自豪感提升了一倍。

你可以使用相同的手段，请你的雇员、团队成员、上司、客户或供应商在激情、热忱和自豪感三个方面，对你提供的服务和产品、对你的公司和你本人作个匿名评估，从1～10打个分。如果你觉得自己真的很勇敢，把这个方法作个小小的调整，你就可以把它用在家里。问问伴侣和孩子，看看他们对家庭的激情、热忱和自豪感达到什么程度。答案未必是你想听的。但我敢跟你保证，那肯定是你需要知道的。

## 无法避免错位现象的时候，预先说出来

到目前为止，我讲的都是你能够预防的错位现象。但是，并非所有的错

位都是你的错，也并非所有的错位都可以避免。如果你出国旅行过，或是与来自不同文化背景的人一道工作或生活过，你的言行总会冒犯一些人，即便你尽力避免问题发生。

这种事情在所难免。如果你对某种语言还很生疏，那么你在学习的过程中更会犯下无数个尴尬的错误。或许，某个手势在你的文化中意味着“行”或“不行”，但在另一种文化中则有完全不同（而且是很糟）的含义。或许你说的时间太长，或许显得太鲁莽，但这在你的文化里却完全合乎礼仪。所以，虽然你在表达善意和礼貌，但对方却在想“这家伙真讨厌，一点也不尊重我”。

这可不是小问题。商务会谈或情感关系很可能就栽在这些小问题上，比如，眼神接触得太多（或是太少），或是用左手而非右手拿起了食物。

幸运的是，预防的办法简单得令人吃惊。礼貌而尊重地把可能会遭遇尴尬的事情说在前头，这在任何文化中都是可以接受的。因此，你只需要预先承认你可能会出糗，这就行了。例如，你可以这样说，“我已经读了一些关于贵方文化以及双方文化差异的资料，可我的言行难免还有不大合适的地方。我绝不是故意的，但可能会出问题。我最不愿意看到的就是让你不得不在同事们面前为我的冒犯行为作解释，害得你尴尬。如果你能告诉我，在我们的文化里有哪些举动（或不做哪些举动）会冒犯你们的文化，我会尽最大努力避免。”

**对于绝大多数人来说，这种谦卑的态度会令人完全卸下心防。**你甚至在错位现象还没出现的时候就化解了它，因为你预先的道歉会抹平一切错误，无论是你用错了叉子，还是无意间把主人的太太称做母牛。所以，如果你要出国旅行，尤其是要参加一个极其重要的跨文化商务会谈的时候，请记得这项能够消除错位现象的、“先发制人的谦卑”的艺术，出门的时候，千万别忘记它。

*→ 想想看*

沃伦・本尼斯说过大意如下的话：“当你真正了解到人们是从哪儿来的时候，而他们也知道你了解，他们就更愿意接受你的引领，去往你想让他们去的地方。”

### → 做做看

下次你再不知不觉陷入争论的时候（尤其是那种经常发生的、压抑着怒气的习惯性争吵），停下来对对方说：“现在，我觉得你在攻击我，或许，你也认为我在攻击你。但依我看，我们实际上都是在为自己辩护。所以，我想让你知道，我不想伤害你，我也知道你不想伤害我。如果咱们从这个共识上起步，我敢打赌咱们能一起解决问题。”这样一来，就相当于把你们双方的理解错位（“这家伙真混账”）变成了相互尊重（“这个人是真心想解决我们的问题”）。

# 法则8　茫然无助的时候，主动示弱

别怕暴露自己的脆弱。脆弱不会让你显得软弱，却会让别人能够接近你。

要知道，脆弱可以成为力量。

——基思·法拉奇（Keith Ferrazzi）

《谁在支持你》（*Who's Got Your Back*）作者

一般来说，知道另一个人心里在想些什么是需要花点力气的。患者首次在我对面坐下的时候，我完全不知道他们的想法。在这最初的几分钟里，他们对我来说是神秘的，而我对他们来说也一样。

可维吉不一样。他没有来过我的办公室。事实上，他远在地球另一侧的印度。而且我从没见过他。他读了我的博客，在网上找到我的电邮地址，然后给我发来了一封邮件。

我见没见过他无所谓。从读到维吉邮件的那一刻起，我就清清楚楚地明白他的感受。这是因为30年前我曾遇到过一模一样的事，而我和他一样害怕，一样不知道该怎么办才好。维吉的信是这样写的：

我真希望父母没生过我。我真希望从我家房顶上跳下来。早上醒来的时候，我真希望自己永远也不要醒来。我对自己发过誓，无论怎样也不要自杀，因为我真的怕死，我还什么都没做到，现在死了比活着更没用。

我也不想让家庭背上重担。我不想让他们经历可怕的悲伤，更糟的是，这会让父母以为，他们在我姐姐和我身上付出的辛劳全白费了。

这对他们来说太难以承担了……可我真的觉得活着太没意思了啊，医生。我有这种想法，主要原因是会考在5月15日开始。我给自己加了很大压力，想要考出高分，好让父母高兴。我爸爸总是说，既然我的前两门考得不好，那后三门考好就更重要了。我觉得，要是我得了B而不是A，父母就不会再爱我了……

郭士顿医生，请给我回个邮件吧，我十分烦恼，因为我不知道能跟谁平心静气地说这些。求你了，医生……

维吉害怕拿到B的成绩，我理解这种恐惧。每年有那么多孩子因为这些小小的危机而自杀，在印度这样非常看重学习成绩的文化里尤其如此。

所以我立即写了回信。我告诉维吉，看到他心情这么糟糕我很难过。感觉到他一定觉得非常孤独，因此我把自己的故事告诉了他。

案例直击

## 向他人示弱

进医学院没多久，我碰到了麻烦：我学不下去了。考试我都通过了，可我觉得自己什么也没学进去，脑子好像关门了似的。我把整本书都画上了道道，希望能在不知不觉间看进去。一想到有那么一天，我对着病人，却不知道自己在干什么，我就无比恐慌。

所以我去找父亲，告诉他我不想上学了。像维吉的父亲一样，我父亲也不太把情绪当回事儿，觉得那是在找理由。我说出决定时，他厌弃地看着我，说："你考试没及格，被学校退学了？"

我说，"没有，我考过了。可我念的东西完全不进脑子，也记不住。"我们开始争论，几分钟后，我放弃了努力，低下头盯着地面。

他不断地说着，说什么我应该找个家教，做出一切努力扛过去。他的结束语是："所以，咱们说定了，你去请个家教，留在学校。"

我心想，"我不能回去。我要是回到学校，肯定会出事的。我怕我会疯掉，或是干脆自杀。”

所以，我抬起头来，直视着父亲的眼睛，说出了心里的想法，“你没弄明白。我害怕。”这是我心里唯一知道的东西。我甚至不知道自己是否有权利害怕、我害怕的又是什么。除了我回学校肯定没有好结果。我只知道，我害怕。

说完之后，我哭了。这眼泪和找借口、同情自己都没有任何关系。它们只与我的恐惧有关，和我长久以来不曾满足的需求——卸掉身上的重担有关。

父亲是个理性的、以目标为导向的人，可在他严厉的外表之下，有一颗关爱孩子的心。这真是我的福气。我本以为他可能会说，“软蛋，恶心，从我眼前滚开。”这话很可能会让我崩溃。可相反，他握紧了拳头，怒火全部不见踪影，他说，“你想怎么做就怎么做。你妈妈和我会尽一切方法帮你的。”

这是我一生中最强有力的一刻，而且它发生在我最低落的时候。它改变了一切，因为我完完全全地诚实面对了心底最深的恐惧和耻辱感。所以我告诉维吉，也去这么做。

## 让别人看见你的软弱，他们也会让你看见他们的

和绝大多数年轻人一样（特别是年轻小伙子），我一度相信，赢得尊重就等于永不示弱，尤其是在父亲面前。赢得尊重就等于掩盖错误，用虚张声势来掩饰恐惧。可是，从那段影响深远的经历里，我学到了很多东西。

其中一条就是，**如果你坦白地承认错误，人们会原谅你，甚至会试着帮助你。还有就是，让人们生气或失望的并不是说出真相，而是你为了不说出真相所做的一切。**

我也学到了，在你搞砸事情之前开口求助，结果会好得多。等到你真搞砸了，然后再请求帮助，别人会认为你是在逃避惩罚。可即便如此，搞砸了之后求助，也比闭嘴什么都不说要强。

坦白承认自己的脆弱是很有用的。它会防止杏仁核劫持的情况出现，避免你作出鲁莽的决策和糟糕的人生决定。它让你抒发郁结，而不是情绪爆发。当你的世界崩塌的时候却假装自己没问题，这种相反的行为是危险的，甚至是致命的。

但是，“坦承脆弱”的作用并不仅仅是宣泄压力，它还跟沟通有关系。想知道原因？那让我们回到镜像神经元上来，也就是我在第 1 章奥秘 2 中讲到过的那些脑细胞——能够让我们感同身受地体察别人情绪的东西。

当你很害怕，觉得受伤，觉得丢脸，却依然在掩饰的时候（因为你害怕失去对方的尊重），就会发生以下的事情：

- 你的镜像神经元接受匮乏会加重。你感受不到别人的理解，因为别人没法理解你。这是因为没人知道你出了什么事。你形单影只，而这是你自己造成的。
- 你害怕失去对方的尊重（此人可能是你的父母、老板、孩子、伴侣），但此人没有办法映照体察你的抑郁和悲伤，没法理解你。相反，此人感觉到的是你用来掩饰抑郁和悲伤的态度。如果你用气愤来掩饰恐惧，你得到的就是气愤；如果你用“滚一边去”的态度来隐藏无助，你得到的就是“行啊，你也滚一边去”。

可是，如果你袒露出弱点，鼓起勇气说一句“我害怕”或者“我孤独”，或者“我不知道该怎么办”，对方会立即体察到你的真实情绪。这是生物反应，是没法控制的。对方将会知道你的感觉是多么糟糕，甚至能感受到相同的痛苦。因此，他想停止你的痛苦（从某种程度上来说，这也是他自己的痛苦）。这使他产生了帮助的欲望……以及帮你想出解决办法的欲望。

有趣的是，哪怕你是把脆弱暴露给了不太喜欢你的人，这些现象也会出现。我接到的最频繁的工作之一，就是对付这种混账家伙：极有能力，却也有着醒目缺点的公司领导者。通常，这种人都是粗鲁又傲慢的讨厌鬼，害得人才大批流失，把工作环境弄得乌烟瘴气，没人能发挥才能。他们长年累月折磨员工，让人们自认为渺小、软弱、不重要。他们贬低别人，让人们害怕，遭受羞辱。当我参与进来的时候，人们通常只有一个希望：报复。

但此时会出现不同寻常的现象。一旦我让这些有问题的执行官们面对失败，并且告诉他们，他们的未来怎样，就要看这些问题能否解决，他们就会同意，并且问“我该怎么做”。我的第一个建议就是：主动示弱。告诉员工你知道自己干了蠢事。告诉他们，你会尽最大努力来改进。把事情都摆到台面上，希望大家能够同情你。

不可思议的是，绝大多数人都会给予同情。无论这人有多么糟糕，人们还是会谅解。他们甚至会为改过自新的混账加油。于是，绝大多数“曾经的混账”得到了第二次机会，其中有些甚至还跟以前被他们伤害过的人成了好朋友。

暴露自己的弱点也能立即建立起牢固的情感纽带，而这条纽带甚至能把彻头彻尾的陌生人变成朋友。我的合作伙伴基思·法拉奇在培训课程中运用主动示弱法让人们卸下心防，用他的话说，就是“分享那些让你显得更人性化的东西”。他说：

> 最近，我从有勇气诉说的人们那里听到了太多感人至深的故事。比如说，有个年轻人作了半年的销售，可没有完成目标。因此他的佣金急剧减少，只得卖掉房子，把妻子和两个孩子安置到面积小得多的公寓里。另一个年轻人说，他有个患孤独症的孩子，是他的至爱珍宝，什么都比不上。他告诉我们，他知道陪孩子玩的每一个小时，都能对孩子的成长有帮助，能够避免孩子漂向黑暗的世界。可是，他能拿出多少时间陪孩子，多少时间去养家糊口，这个问题也一直折磨着他。
>
> 这就是他们正在经历的磨难。很多人不敢把自己的故事跟人分享。但是，当你有胆量分享自己的脆弱时，两件事情会发生。首先，原来你的谈话对象也有极为相似的脆弱之处，或是碰到过跟你类似的困境，这是必然会出现的。其次，他们十分同情，甚至立即就想帮到你。他们会提供人脉信息，或是提出建议，或是带着一颗同情的心听你诉说。顷刻间，你和眼前的新朋友之间发展出了一种更为亲密的情谊，或许比你跟某些老朋友之间还要亲密。

对本来就深深关切你的人坦承脆弱，你更有可能得到支持和同情。特别是对父母，他们本能地关心你、爱护你，不管他们平常是多么粗线条，对你的要求是多么苛刻。把伤口给他们看，他们不会往上撒盐。相反，他们多半都会帮助你找到疗伤止痛的方法。

再说回维吉的故事。看完我的邮件后，他找到父亲，说出了自己对失败和让家人失望的恐惧。让他吃惊的是，父亲并没有说“我对你真失望。”他没有批评，维吉担心的那些事情他一件也没做。相反，他理解了儿子。他还说出了自己的脆弱，他知道自己有的时候不太耐心，而这个毛病妨碍他倾听维吉的心声。他们一起把心事都说了出来，想出了解决办法。维吉的父亲会更耐心一点。而维吉不要把父亲的失望看得太过严重。而且，无论维吉的考试成绩如何，他俩都会泰然处之。

和父亲谈过之后，维吉给我发来邮件说，我不知道，原来害怕是可以的，是没关系的。我特别担心如果我犯了错，父亲或其他人就不接受我了。相反，他学到了一个道理，一个人终将明白的道理：当你需要跟别人交流的时候，说一句“我搞砸了”，或是“我害怕”，往往是最明智的举动。

换言之，“坦承脆弱”并不是软弱，而是力量。

### → *想想看*

当你陷入困境，五内俱焚的时候，深入自己的内心，去感受那份恐惧，袒露自己的脆弱。

### → *做做看*

下次你害怕或痛苦的时候，不要装做一切正常。相反，去找那些你试图在他们面前隐藏情绪的人，把事实真相告诉他们。

下次，你怀疑某人害怕或痛苦的时候，鼓励他对你说出来。让他知道你很尊敬他，因为他有勇气说出“我很害怕”，或是“我犯了错误”。

# 法则9 远离“有毒”的人

“有毒”的人把自信和尊严从你身上抢走，还毒害你的灵魂。

——丽莲·格拉斯（Lilian Glass）

心理学家

我乐于跟人打交道，而且也尽力去做。我是基思·法拉奇所说箴言“绝不单独进餐”的忠实信徒，而且我无限感恩，几乎每一个我结识的人都让我的人生变得更加丰盈。

可有些时候，跟人打交道是个错误。后来我自己领受了这个教训，而且方式艰难。

4年前，我接受了一次命悬一线的紧急手术。恢复期间，我有机会认真想想这辈子里出现的压力之源，那些削弱了我的健康、阻挡我尽情享受人生的东西。这话从一个精神科医生嘴里说出来，或许有些奇怪。在这张压力源头的清单上，排在首位的竟然是：人。

我说的不是所有的人。我人生中最严重的压力之源——“有毒”的人——这种人特别容易不高兴，极难取悦，一次次让我失望；这种人不愿意合作，不愿意公平竞争；这种人不停地找理由，而且埋怨别人。

那一刻，在医院的病床上我作出了一个决定：以后要把这种人摒弃在生活之外。我一直遵守着这个承诺，结果是在人生的各个领域，我活得更加健康、快乐、成功。因此，在你学习我这些人际交流技巧的同时，我希望你也能对自己作出相同的承诺。

本书讲的是与那些能让你的人生更美好的人沟通交流，可也有一些人并不想让你的人生更美好。相反，他们想毁了你。其中有些想欺骗你，妨碍你，欺负你，或者拉你当替罪羊。为了拯救自己，你需要把他们伤害你的力量消解掉。

有三个办法：第一个是和他们正面交手；第二个是化解他们的招数；第三是转身走开，并且确保他们没有跟着。

我知道你在想“说得容易”。有些时候，你的财务状况或情绪太过混乱，让你很难执行我所谓的“剔除混蛋法”。但不管痛苦与否，摆平这些人（或是让他们从你生活中彻底离开）对你的成功和正常生活是至关重要的。以下就是辨认他们的方法，以及如何保护你自己。

## 贪婪的人

有些贪婪的人还算适度，不成太大问题，而有些贪婪的人恨不能把你的血液榨干。你要小心的是第二种人。

极度贪婪的人会把你的感情或金钱（或两者皆有）榨取一空。这种人会传达这种信息：“我需要你来解决我的一切问题。”“没了你我什么都干不了。”“我的幸福全靠你了。”“如果你离开我，我就会死。”跟需要帮助的人不一样，这类人唯有在需要帮助的时候才会求助，得到帮助之后会感激你。贪婪的人不停地索要帮助和关注，使用情感上的勒索手段来达到目的，只有在需要拴住你的时候，才会表露感激。

贪婪无止境的人会榨干你的人生，因为无论你为他们做了多少，都永远不够。他们不是靠近你，偶尔寻求支持；他们会靠上你，直到把你压垮。一旦他们缠上了你，多半再也不肯离开。（他们干吗要离开呢？）如果你试图把他们撬开，他们会黏得更紧。

贪婪的人不肯作决定，不肯自己处理问题。他们想要你花上好几个小时，握着他们的手，帮他们梳理人生问题。你解决了一个，却发现他们又开始为了下一个而伤心抽泣。你想把他们拉出流沙，自己却越陷越深。

如果你在贪婪的人身上花费了太多时间，你会觉得沮丧，觉得自己无能，因为你已经精疲力竭了，可除了这些话之外什么也没得到："我还在心碎；我还在悲伤；你失败了；你答应要拯救我的，可是你没有。"这可是制造镜像神经元接受匮乏的经典配方啊。

如何分辨对方是不是病态的贪婪呢？如果你怀疑自己遇上了这种人，按照下面的清单给此人打分：1="完全不是"；2="有时候是"；3="几乎一向如此"。

- 这个人哭诉、发牢骚吗？
- 这个人抱怨吗？
- 这个人以一副受害者的形象出现吗？
- 这个人的样子好像在说"替我感到难过"吗？
- 这个人想要得到怜悯吗？
- 当事情没有按照他或她的想法发展时，此人会哭吗，或是表现出深深受伤的样子？
- 这个人有没有企图让你内疚？
- 你觉得，这个人像个无底洞，永远也满足不了吗？
- 你想躲开这个人吗？
- 只要你收到此人的语音留言或电子邮件，你心里就往下一沉，是这样吗？
- 你是不是想冲此人大吼一声："振作一点！"
- 由于发现自己强烈反对这个人，你感到内疚，是这样吗？

计算答案的分值——

12：低度，你们之间的关系值得维持下去。

13 ~ 24：中度，把时间花费在这段关系上，真的值得吗？

25 ~ 36：重度，在这个人榨干你之前离开（如果你能离开的话）。

**如果你正在跟病态贪婪的人交往，答案显而易见：你应该抽身离开。但**

**是，如果你觉得这段关系很重要，依然想要拯救，有一个办法：给对方一次改正的机会。**

举个例子。最初，当德瑞克的女友嘉达向他征询关于工作、人生以及是穿什么衣服的建议的时候，他觉得挺开心的。可后来他渐渐发现，她的需求永无止境。她没法为自己的人生负责，她总是崩溃，总是情绪化地向他求助，没完没了地发牢骚，这让他渐渐厌倦起来。

德瑞克找我寻求解决办法，我建议他采用我称之为“痛苦式面对”的方法。我让他对嘉达说出下面这段话，同时要清楚地表露出，说这段话让他很痛苦：

“我就快要躲开你了，因为几乎每次我问起你没做完的事情，你就找借口，或是怪罪到别人头上。几乎每一次，我说到哪里你需要改进的时候，你就一副受伤的样子，开始哭，或者开始发脾气。这么一次一次的，咱俩都觉得失望、受伤、难过。可是，如果你每次都生气，或是这么情绪化，我觉得实在是太累了。你怎么反应是你的权力，可是我也有权力离开，或是躲开你。我的确打算躲开你，而且这对咱们的关系没有任何帮助。所以，我希望你开始学着为自己负责，并且找到办法，在你难过的时候不要崩溃垮掉。”

这种情况会有两个变数。如果对方够聪明，真心听进去了你的话，你就会看到改善。另一种可能是，此人不肯改变，甚至变得更加贪婪，这种情况下，你或许会作出决定，这段关系并不值得挽救。

这看上去是一剂猛药，对别人本不该说这种话的。可是，对付贪婪的人就得用猛药。贪婪是一种行为，常言道：重症需下猛药。对付“贪婪”这种有毒行为的时候，这句话就格外正确。

如果你要对付贪婪的人，有一个警告：特别严重的病态贪婪有时候是“边缘性人格障碍”的信号。有这种疾患的人会做出这种行为：

- 他们的要求比牢骚多。
- 他们极其害怕被抛弃。
- 他们在“把你理想化”（“你是我活下去的理由”）和“贬低你”（“你自私，跟其他人没什么两样”）之间来回游移。
- 他们没有核心人格。他们看上去很空虚，因为他们确实空虚，为了弥补这种空虚，他们会寄生般依赖在最近的人身上。

- 他们行事冲动。比如寻求不安全的性，或开车超速。
- 他们的情绪特别不稳定，经常突然发怒，还可能以自杀相威胁。
- 他们可能会有妄想（“你装出关心的样子，可你只想伤害我。”）。

如果你面对的人有这些行为，你就麻烦了。如果你还没有陷得太深，这段关系对你不重要，你最好的办法就是离开，但要小心，因为患有边缘性人格障碍的人可能会变成跟踪狂。

边缘性人格障碍是可以治疗的，但即便是专家也会发现，帮助这些人很难。单凭一己之力想要拯救患有边缘性人格障碍的人，你会一起掉进火坑。

## 恃强凌弱的人

在工作中，我不断碰到遭人欺负的人，可人们极少想要欺负我。然而，有一件事情颇令人难忘。

**案例直击**

### 拒绝欺凌者的设计

我在 O.J. 辛普森（O.J.Simpson）谋杀案的审判现场，应控方要求观看庭审过程。律师们想让我提些建议（他们往往不怎么听……不过这是另一回事。）

突然，审判中，臭名昭著的辩护律师 F. 李 · 贝利问那个正遭受辩护律师攻击的警官马克 · 富尔曼（Mark Fuhrman）是否认识我。在法庭上，贝利把我指了出来，含沙射影地诬蔑说，我教过富尔曼如何说证词。顷刻间，我发现自己被罩在了聚光灯下，而且上了全国电视。

迟些时候，在跟控方律师和我开会的时候，贝利试图当着我的面再度作出相同指控。可我多少知道该怎么对付贝利这种人，所以我做出了他没有预料到的事。

有好几分钟，贝利说着这种话："郭士顿医生，我们不知道你为什么在这儿，但我们知道，庭审的绝大多数时间里，你一直在这儿。"他说话的时候，我只是直视着他的眼睛。我什么也没说，什么也没做，只是偶尔眨眨眼。

终于，另一名律师看着我说："马克，你什么都没说啊。"那一刻我说道："他什么也没问我。"然后我立即直视着贝利的眼睛，他微微退缩了一点儿。

接下来贝利问我是否给富尔曼洗了脑，给他吃了什么药，或是干了什么事儿来帮他准备证词。我想起当时他在交叉询问时逼问富尔曼的情景，也就是那个令人难忘的"黑鬼"词语事件。显然，贝利希望我慌了手脚，说出什么能让他歪曲的蠢话。

就算你清白无辜，被 F. 李·贝利盘诘也是相当吓人的。然而我能看透他的把戏：他的目的是让我缴械、沮丧，然后激怒我，让我失去冷静。

因此，当他问出我是否给富尔曼洗了脑或下了药的时候——真是个无耻的问题——我静静等着，默数到 7，然后清了清喉咙。那一刻，场内所有人都屏住呼吸，等着听我怎么说。我再次默数到 7，然后对贝利说，"不好意思，贝利先生，我刚才走神了。您能再说一遍吗？"

他完全愣住了。我竟然有胆认为全世界最咄咄逼人的律师如此乏味无聊，以至于分心走神！打这以后，他退让了。而这证明，如果你不陪着恃强凌弱的人玩，他多半也没有什么把戏。

这件事反映出来的东西很简单：恃强凌弱的家伙紧追你不放，是因为他们认为你好欺负。拒绝按照他们的设计来，他们通常就会放弃，去找软柿子捏了。

当然了，有时候你没法跟这种人对抗。比如说，你急需保住眼下的工作，而你的老板有那个权力，可以随便地聘人、炒人，那你唯一现实的做法就是保持低调，把跟此人的接触减少到最小程度，然后寻找一个没那么有害的工作环境。然而，就算在这种情况下，即使你不再显出一副容易受欺负的样子，你成为目标的几率还是不小。

如果有恃强凌弱的人企图用恶言恶语来欺负你，你就这么做：保持眼神接触；举止要十分礼貌，但要显出那么一丁点儿觉得无聊乏味的样子，好像你的心思跑到了别处似的。让肢体语言传达同样的信息：笔直站着，但要放松，歪歪头，好像你在听，但并没太用心。手臂自然地放着，不要防御式地交叉在胸前。这种反应通常会让爱欺负人的家伙不大舒服，甚至觉得自己很蠢，于是就退缩了。

对付这种人的时候，如果情势允许你冒点风险，你还有别的做法。我最爱的方法就是反击，而且是狠狠地反击，这能让大多数恃强凌弱的家伙彻底投降。这种人欺负别人，是因为他们能侥幸成功，可他们大多数都知道，这不是一种理想策略。有时候，他们就是需要有个人把事儿当面挑明。

案例直击

## 反击恃强凌弱者

“现在我最开心的事，就是不用为你工作。”我的语气十分坚决。

“你说什么？”我的晚餐同伴惊讶地说。这位43岁的资深副总裁名叫弗兰克，在一家成长迅速的公司分管销售。我才刚刚见到他，就看到他对女服务生恶语相向，话里带着居高临下的意味，而且涉及性。这可是在比弗利山庄著名的Polo Lounge餐厅里。女服务生只能勉强冲他笑笑，随后瞪了我一眼，好像在说：“你这个恶心朋友是谁啊？”

我直视着弗兰克的眼睛。“没错，我不想为你工作，因为如果我犯了错，打死也不敢告诉你。这是因为你瞧不起别人，而且已经到了欺负人的程度。人生太短暂了，不值得听你这种恃强凌弱的人废话。”

他惊讶得下巴都快掉下来了。带着不可置信的眼光看着我，他说道：“从来没人跟我这么说话。”

"是吗？"我说，既然我此时是在"欺负"他，"彼此彼此。但更重要的是，我说得对吗？"

"你说的全对。我赔上了婚姻和亲子关系，还有工作，"弗兰克老实坦白。然后他前倾过来，好像不愿让任何人听见似的，对我耳语："我还有救吗？"

我紧抓时机回答道："这是一种瘾。你能做到的最好情况，就是变成一个正在改过自新的爱欺负人的家伙。你必须每天坚持改过，否则将会半途而废。但这多半是值得的，因为在你这辈子快要走完的时候，你会变得没那么刻薄，朋友会多一些；人们也用不着在你葬礼上撒谎，违心说你的好话。你得到的东西会比你想象中多。"

他笑了。"你能帮我吗？"

我考虑了一会儿。"我想看清你是不是打心眼儿里爱欺负人。如果你喜欢打压别人，尤其是那些没能力还手的，比如刚才那位服务生，那我就不会帮你。"我说。"因为你从生活中拿走的已经超过了你应得的。并且，我还会帮助那些被你欺负过的每一个人一起对付你。但是，如果你欺负别人是因为这样子能办成事，而且你不知道有其他更好的方法，那还有商量余地。我还有可能跟你合作。"

那一刻，我停下来，看他作何反应。结果是他把任务交给了我。

就像这个家伙一样，**许多恃强凌弱的人太习惯于看到被欺负的对象乖乖屈服，对他们俯首称臣（这种局面出现时，他们的态度是那样轻蔑），以至于当别人反击的时候，他们就慌作一团，不知所措。**这是个风险很高的招数，可回报甚巨。然而，当你不担心失去某个客户或某个合同的时候，再尝试这个方法，而且你要保证自己有退路可走。

## 爱占便宜的人

你知道这种人什么德行。他们每天都会找你帮忙（"你能帮我接接电话吗？""带我家孩子去练足球好吗？""付一下午餐账单好吗？"）。奇怪的是，他们好像永远没有时间和精力来帮助你，报答你的恩情。

这种人一般不会毁掉你一辈子，但会毁掉你一天的心情。他们会让你显得效率低下（因为你光是帮他们干活了，自己的事情都没来得及做），让你一肚子怨言，没有时间做自己想做的事。

如果可以的话，避开这种人。如果不可能避开，就化解他们的招数。怎么做？本书里最容易的办法就是它了。下回爱占便宜的人再来找你帮忙的时候，你就这样回应——

爱占便宜的人：嘿，你能帮我把PPT里的图给做了吗？我知道我应该自己做的，可我活儿太多啦。

你：行啊，没问题。你来帮我做星期四的实习生培训吧。

爱占便宜的人：呃，这个么……

你：给我帮个忙当回报，我看你不会介意吧，是不是？

爱占便宜的人：呃，这个……

把这招用上一两次，保证每次都要求一件事作交换，爱占便宜的人肯定就会转移目标了。你也应该预先认出这种人来，并且预先准备一个请求等着他们。这是个很棒的方法，因为你用不着说“不”，用不着气得发疯，也不会给对方任何感到被你冒犯的理由。因此，你没有树敌，你只是把他们打发走，让他们去找别的软柿子捏。

## 自恋的人

这种人不会伤害你，可他们也不会在乎你。除非让你当观众，欣赏他们的精彩表现。自恋的人不会体察你的感受和情绪，因为他们天天忙着说：“魔镜魔镜告诉我，谁是世上最美的人？”（迪士尼动画片《白雪公主》里面，皇后经常问自己的魔镜的话。——译者注）然后自问自答：“就是我！”我的一个朋友爱德华·霍兰德（Edward Hollander）把这种人称为“精神自慰者”，因为他们真的只想爱抚自己。

自恋者的人座右铭是，“那么……你的事就说到这儿吧”。(哪怕你还没来得及张嘴！）自恋的人永远要站在舞台中央，期待着你坐在侧席为他们鼓掌。他们会打断你的故事，忽视你的成功，同时开始吹嘘自己，他们希望你无限严肃认真地对待他们的问题，却把你的事情看做细枝末节。

然而，自恋的人（不像我后面要讨论到的精神病患者）在内心深处并不是坏家伙。他们往往只是被宠坏了。如果你理解他们的行为，他们有时甚至还是可以共事的。比如，如果你的生意伙伴是个自恋的人，你要管理好自己的期望，永远别指望此人做一些不符合他最大利益的事情。这样的话，当他十分自恋地做事的时候，你就不会觉得措手不及，就可以随机应变了。

怎么才能判断一个人是不是自恋狂呢？做做以下测试，把那个人按照1～3分打分（1=“极少”；2=“有时”；3=“经常”)：

- 此人不惜任何代价，也要证明自己是对的。这种情况多吗？
- 此人对你不耐烦，却没有好理由。这种情况多吗？
- 你正说着话，此人打断你；可如果你打断了他，他就会生气。这种情况多吗？
- 他希望你放下心里想的事儿，听他说话，这种情况多吗？当你也这么做的时候，他生气吗？
- 有多少次他说的比听的多？
- 他经常说这些吗：“是的，但是……”“那不是真的，”“不，”“然而”，或者“你的问题是？”
- 有些事对你很重要，可只是因为他不方便，他就不肯做，或是很不高兴做，这种情况多吗？
- 有些事对你来说不方便，可他希望你开开心心地做，这种情况多吗？
- 有些行为，他希望你接受；可是如果你对他作出同样的行为，他就不肯接受。这种情况多吗？
- 必要的时候，他却不肯说“谢谢你，”“对不起”，“祝贺你”，或是“不好意思”，这种情况多吗？

计算总分：

10～16：愿意合作

17～23：有争议

24～30：自恋狂

如果你无法改变一个自恋的人，你是应该跟他沟通呢，还是离开？这要看具体情况，因为自恋的人可能是个激动人心的伴侣或工作伙伴。几乎所有的政客都是自恋的（还有谁愿意把家人拉进这一大堆事里？），绝大多数演员以及很多有雄心的律师和CEO也是。

自恋者往往会取得巨大成功，跟在这种人身边可能是非常兴奋的。有时它会把你推向高位，有时会让你受辱，就像艾略特·斯皮策（Eliot Spitzer——纽约州前州长，因性丑闻而下台。——译者注）的太太在丑闻爆发后的感受。决定权在你。但是，如果你留下，别指望你们之间是平等的。

## 精神病患者

数年前，研究人员罗伯特·黑尔（Robert Hare）向一份科学期刊投了一篇论文，却得到一个非常奇怪的答复。在黑尔和他的研究生合写的这篇论文中，包含了几张成年男性在执行简单语言任务时的脑电图。编辑干脆地拒收这份论文，说这些脑电图“不可能是真人的”。

从某个角度来说，编辑说得对。脑电图的主人是精神病患者：冷血、无情，看上去好像缺少了某些至关重要的、让人之所以为人的东西。从生物学角度看，这些人和其余的人们不一样，在情绪上也是如此。

大约每100个人中就有1个是精神病患者，而且绝大多数人没被关起来。事实上，典型精神病患者的核心特质：冷酷、缺乏同理心、以自我为中心、无情，让他们成为世上在金钱方面最为成功的商业领袖。没那么聪明的进了监狱，而更加聪明的成了CEO。他们也受性的驱使，表面上看上去很有魅力，因此不少人在情场上十分抢手。绝大多数是男性，但某些极为冷血的是女性。

一生中你很可能会碰上个把这样的人。如果遇上了，你要遵循这个规则：离开，快走，跑开。必要的时候，壮士断腕也要逃离陷阱。因为这些人会在金钱上毁掉你，在情感上粉碎你，在生活上毁了你。如果对他们有利的话，而且连头也不回一下。

绝大多数人会犯一个错误：试图跟这类人讲理，或是想要打动他们。可是你没法在情感上触动这些人。你没办法把他们争取过来，让他们为你感到遗憾，或是让他们想要帮助你。他们可能会假装关心你（事实上，在欺骗感情方面，他们手段高明），可实际上并不是。他们往往知道该如何减低你的镜像神经元接受匮乏，用魅力迷住你。然而，他们这样做只是为了操纵你。

如何辨识有精神疾患的人？这比你想象的要难，但还是有线索的：他们像摆弄棋子一样操纵别人，意识不到给他人造成的痛苦。他们寻求捕猎的快感。他们很容易撒谎，而且不在乎被识破。他们口齿伶俐，魅力十足，具有领袖气质。他们渴求权力，愿意不惜一切得到它。他们出于性或金钱的目的而利用别人，然后又弃如敝屣。

我再说一遍，不要误认为你能够“对付”这种人。我干的就是跟人沟通这一行，而且我非常擅长。但是，我在本书中传授的所有方法，没有一条能够用在精神病患者身上。简单说来，这类人缺乏某种神经机制，不懂得礼尚往来。把这类人看做是致命的异族生物，比如蝎子——彻底躲开。就算你损失了钱财，或是失去了晋升的机会和工作，不管代价是什么，也要这样做。如果你继续留下，你付出的代价要大得多。

## 照照镜子：谁有问题

在你可能会碰到的“有毒”的人中，我刚才谈到的只是一部分。其余的还有很多，但绝大多数都容易接触，容易改变（如果你聪明的话，甚至更容易避开）。在后面的章节中，你会找到化解招数或摆脱的方法，甚至可以把他们变为财富。

然而，当你遇到“有毒”的人，试图分析他们的问题时，心里要牢记一件事。有没有可能，小小的可能：有问题的那个人是你自己？

例如，如果你发觉自己交往过的每个女孩子都有毛病，你可能就得照照镜子，找找问题的源头。一种情况是，你被那种爱搞砸事情的女性吸引，而跟她们你只能建立起不幸福的关系。另一种情况是，你可能把你的问题归咎于女友。或许她们看上去歇斯底里，是因为你故意忽视她们；她们依赖你，冲你发牢骚，是因为你作出承诺却又没有兑现；她们疑心病重，是因为你不诚实，喜欢暧昧推脱；她们脾气反复无常，是因为你一会儿管着人家，一会儿又不理人家。（如何分辨这些？最好的确认办法就是看看一两年后，这些所谓的神经兮兮的女孩子们是不是都拥有了幸福的婚姻，或是稳定的恋爱关系。如果是，那就很说明问题了。）

当你进行这项艰难的工作，对着镜子检视自己的时候，你很可能会发现，你才是那个有毛病的家伙。但是别担心，人人都有搞砸的时候，好人和“有毒”的人之间的区别就在于，好人有能力面对这些搞砸了的事儿，并且从中吸取教训。

**案例直击**

## 人人都可能有毒

我正在开车回家，感到特别生气。7 分钟前，我太太干了件过分的事情。我正在给一个严重的病人看病，而她打断了我。在这种诊疗中，我的注意力必须要非常集中才行。我已经警告过她好几次了，不要在这种时候给我打电话。（显然，在那个时期，只有你付钱，才能让我听你说话。）

我拿起听筒，听出来是她，我说：“干吗？”（也就是“干吗非要现在找我？”）我觉得她这么打搅我，实在是不为我着想。

然而，接下来的一秒钟，她用恳求的声音说道：“请别生我的气！我现在正躺在浴室的地上，我动不了了。”她接下去说。一瞬间我知道，比起害怕我的反应，她有更大的恐惧。她吓坏了。

“我现在就来！”我用坚定而负责任的口吻说道。我向病人道了歉，说家里出了急事，我们下次再继续治疗。我钻进车子，打了 911，电话那头让我别挂，等着。

开车的时候，比起我对自己的狂怒来，对急救中心接线员的气愤简直不算什么，我怎么是这么个伪君子呢？竟然告诉妻子在这种情况下也不能给我打电话。这两样都盖过了我自己的恐惧，对即将发生的事的恐惧。

我到了家，冲到楼上的浴室。妻子对我说，“多谢你赶回来，别生我的气。”

要我说，我从来也不是个冷酷的人。可是我设下的那个铁律：不能在工作时间打电话给我，显然是冷酷无情的，起码也是重大的失职，没能保护我爱的人。

“别担心，会好起来的，千万别道歉，”我说，同时我心想，我这算是哪门子烂丈夫啊，这么以自我为中心，竟然害得妻子在担忧生命安全的时候，还吓得不敢给我打电话。

顺便说一句，我太太的病原来是卵巢囊肿破裂，最后一切都没事。但在那一刻我意识到，我的妻儿起码也该拥有我给病人的特权，如果情况紧急，他们可以在任何时间、任何地点打断我。

我曾经愚蠢得不肯给他们这个特权吗？是的。我的行为算是“有毒”的吗？是的。

但就像我说的，人人都有搞砸的时候。如果你发现自己做出了“有毒”的行为，关键在这里：确保自己以后永不再犯相同的错误。我这个例子传达的讯息很简单：把自己的毛病改过来。

### → 想想看

如果你说“不”的时候有些犹豫，那你可能有点神经质；如果你真的害怕说“不”,你多半面对的是一个“有毒“的人；如果从来没人对你说过“不”，那“有毒“的人就是你了。

### → 做做看

把生活中对你至关重要的人列个清单。就每一个名字，问这些问题：我能够信赖此人，给我提供实际的帮助吗？情绪上的支持吗？金钱上的协助吗？当我遇到麻烦的时候此人会立即出手相助吗？如果某人的名下出现了许多否定的答案，仔细想想，是否能对他有更多期望？或者考虑一下，把此人从你的生活中清理出去。

现在到艰难的部分了：列一张信赖你的人的名单，问一遍相同的问题：你曾给这些人提供实际的帮助吗？情绪上的支持吗？金钱上的协助吗？他们遇到麻烦的时候你会立即出手相助吗？如果你诚实，你多半会发现一些让你不大舒服的答案。如果是，做该做的事，一步步成为一个积极正面的人，而不是一个释放毒素的人。

# 第 3 章

# 12 个简易沟通秘诀

这 12 个简单的秘诀，掌握起来非常容易，使用起来也只需短短几分钟，可它们能改变商业会谈、销售和感情关系的进程，甚至能够影响整个人生。你可以跟那些你认为永远不可能与之交流的人沟通了。

既然你已经知道了沟通的核心法则，你就已经作好了准备，可以开始学习强有力的工具，引领人们走过“说服过程”了。

接下来要讲到的技巧，使用起来只需短短几分钟，可它们能改变商业会谈、销售和感情关系的进程，甚至能够影响整个人生。把这些加入到你的沟通工具箱里，你可以跟那些你认为永远不可能与之交流的人沟通了。

对应每种技巧，我指出了它在说服过程中最适用的范围。但这些方法非常灵活，因此你可以在任何时间、任何场合应用它们，说服别人去完成“不可能的任务”。

# 秘诀 1　真的不可能吗

**作用：**让对方从“肯听你说话”变为“开始考虑你的话”，从“对……但是”变为“对！”

这世上绝大多数值得做的事情，在尚未去做之前，都被人们宣称是不可能做到的。

——路易斯 ·D. 布兰代斯（Louis D. Brandeis）

20 世纪美国最高法院大法官

你不能像鸟儿那样飞，你无法录制音乐，你不能把石头当做宠物来卖，你当然更不可能靠在互联网上卖书，成为千万富翁。为什么？因为人人都这么说……起码，人人都是这么想的。当然喽，那是在有人干成了这些事之前。

如果你就是那个干成了这些事的人，比如托马斯 · 爱迪生（Thomas Edison），威尔伯 · 莱特（Wilbur Wright），盖瑞 · 达尔（Gary Dahl）（1975 年 4 月的一天，广告人盖瑞 · 达尔在酒吧里和朋友闲聊，朋友们抱怨说养宠物很麻烦，于是他灵机一动，想到了“拿块石头当宠物”的点子。并且真的写了一本幽默的“石头宠物照料与驯养手册”，配套售卖小石头。这在美国掀起了一阵风潮，持续了大概 6 个月，在 1975 年圣诞节过后结束。盖瑞本人也凭借这个创意成了百万富翁。——译者注），还有杰夫 · 贝佐斯（Jeff Bezos），你尽力把愿景变为现实，那么你最大的问题并不是意识到你的目标是可以实现的。你最大的问题在于，说服别人相信这些事可以实现。也就是说，让你的同事、客户、员工、老板、投资人或家人，把想法从“这事儿做不到”转变为“或许咱们能做到”，再到“咱们动手干吧”。

多年前，Dialexis 公司的创始人之一戴夫 · 希巴德（Dave Hibbard）教了我一个特别有用的方法。如果你被某个喜欢说“这事做不到”的人弄得动弹不得，那这个方法能帮你扭转局势。他管这个方法叫做“不可能问题”，可我喜欢叫它“踢走‘但是’”。

这个方法适用于以下情形：对方的态度介乎“抗拒”和“肯听”之间，但是还没准备好去想该怎么做。一般来说，此人的心理在害怕（“这想法挺吓人的，它肯定干不成，还会毁了我”）和淡漠（“或许这是个好主意，可听上去，要花费我太多精力”）之间摇摆。如果你够幸运，对方或许会闪过一丝兴趣（“嗯……这能成吗？谁知道哇”）。可是，如果你不去推动，这事永远成不了。而这个强大的推动力，就是“不可能问题”。请看下面的例子——

你：如果说有件不可能做到的事情，但做到的话，就会对你的成功有极大的帮助，这事是什么呢？

对方：要是我能够做成______的话，就好了。但这是不可能的。

你：我明白了。怎么做就可以把它变成可能呢？

就是这样，只需要两个简单的问题：“不可能做到的事情是什么？”“怎样做就可以把它变成可能呢？”

为什么这两个问题如此有威力？因为它们让一个人的心态从防卫和封闭的状态（或是自私和找理由）转到开放和思考状态。它们还让对方把你的愿景想象成现实，并且开展战略性的思考：如何才能接近那个现实。

当你请对方告诉你某些事情不可能做到的时候，你实际上是让他们用肯定的语气说：“我相信这事是不可能的。”想到并说出这句话，这让对方的心态发生了改变，朝你迈出了积极的（认同的）一步。一旦他们处于“是 VS 否”或者“对，但是”的模式，你就表示认同，但是用这个问题加码：“怎样做就可以把它变成可能呢？”他们就作好了随时合作的准备了。

这个方法有点像武术里“借力打力”的招数，不是反击回去，而是使对方失去平衡。这方法之所以有用，是因为你没有抗拒他的举动，而是“映照”他，“邀请”他，让他失去平衡。一旦这种情况出现，对方就从“拒绝”或“想想看”的状态变成了“愿意考虑”，那你就有机会了。

但这并不意味着对方会马上同意你的观点。有时候，你得到的第一反应是尖酸或敌对的："行啊，给我 100 万美元，再给我配备 80 个人，我就能按期完成了。"但你要静静地等着，此人心里会一直想着你抛给他的问题，觉得非回答你不可。实际上，你这好像是惹得他心里痒痒的，非得挠挠才行；而唯一能挠到痒处的办法，就是回答你的问题。得到答案的时候，你就得手了。

数年前，我在电视栏目《观点》（*The View*）的一位制片人身上使用了这个方法。他很能干，请我在一段节目中担任嘉宾。我们聊起了他成为执行制片人的梦想。他聪明，有才华，有创意，可我看得出来，他仍然绊在"做不到"的坎儿上。好比说，"我没法实现我的梦想，因为这一行竞争太残酷了，这是个无情的行业，而我没有杀手锏"。

所以我问他："如果说有件不可能做到的事情，但做到的话，就能让你的梦想加速实现，当上执行制片。这事是什么呢？"

他先是犹豫了一下，但随后答道："要是我能找出来钱德拉·利维（Chandra Levy）在哪儿就好了，那时利维还没有被发现死于华盛顿特区（曾任华盛顿实习生的年轻女子钱德拉·利维于 2001 年 5 月失踪，一年后遗骨被发现。当时利维的失踪案是美国媒体的重要关注对象。——译者注），然后安排芭芭拉·沃尔特斯（Barbara Walters，著名美国电视女主播，《试镜人生芭芭拉》作者。——译者注）给她做个专访，那我就红啦。这对我实现梦想会有极大帮助。"

我答说："这么说，就算你没做到这个，但如果你能安排芭芭拉跟另一个特别热门的嘉宾做个专访，也能达到相同的效果，是不是？"

"没错"，他答道。就在他准备离开嘉宾休息室的时候，他转向我说道："我干这行有十几年了，可从来没有哪位嘉宾问过我这么有用的问题。谢谢你。"我事先并没作准备，可我也替自己干成了一件"不可能"的事情：让一个一年内要接触几百名嘉宾的制片人记住了我。

在生活中该如何运用这个"不可能问题"呢？它的威力就在于它很灵活：它适用于任何场合，无论是工作还是个人生活中，当你需要着手一件至关重要的事情，人们却说"这事儿不可能做成"的时候，你就可以用上它了。以下是两个便捷应用的例子。

**例 1：在销售中的运用**

销售经理：如果说有件不可能做到的事情，但做到的话，就会大幅提升你的销售业绩，这事是什么呢？

销售员：如果我能说服 X 公司试试咱们的薪酬管理系统就好了，咱们的系统比他们现在用的好得多。这样咱们的客户档次就能上个新台阶了。

销售经理：我明白了。怎样做就可以把它变成可能呢？

销售员：要是咱们 CEO 去跟 X 公司的 CEO 谈谈怎么样？他们两个地位差不多。还有，嗨……或许市场部同事可以组织个会议，邀请一些别家公司的 CEO 来参加什么的，或许组织个有趣的活动，由咱们 CEO 和公司做东。

销售经理：嗯，这主意不坏。不容易办，但不是不可能。

**例 2：在客户服务中的运用**

一家商务软件公司的资深客服经理：如果说有件不可能做到的事情，但做到的话，就能大幅提升客户对咱们产品的满意度，这事是什么呢？

客服团队成员：要是能看透客户的心思，能预测出购买产品后谁用得不顺就好了。因为这些人会跟所有的熟人说我们不好。

资深经理：怎样做就可以把它变成可能呢？

团队成员：客户购买产品的时候，问问客户我们是否能在一周后打电话回访，确认产品的运行情况，并且教他们一些小窍门，让软件能发挥更大功能，这主意怎么样？这样我们就能发现谁在使用中有麻烦，并且可以把他们引回正轨了。

资深经理：太棒了，就这么做。

就是这么简单，而且在任何互动关系中都可以用：同事之间、老板与员工之间。但是，不要只把“不可能问题”锁在办公室的抽屉里哦，因为它在家里也一样所向披靡。

例如，问问你的另一半：“什么事情能让我们拿出更多时间陪孩子，少加点班，同时收入上也还不错呢？”或者问问青春期的孩子：“怎样做可以让你既安全，又能做一些你真心想做的事情呢？”或是询问上了年纪、与你同住的父母：“不能开车害得你不开心，什么事能让你开心一点呢？”

当你这么做的时候，对方就会去解决那些你认为不可能解决的问题。事实上，这些问题不再是问题了，而是变成了解决方案，而且，可能性是无穷无尽的。

### → 想想看

主动请别人说出他们认为是不可能的事，他们就会降低戒备，开始考虑什么是可能的。

### → 做做看

请家人或工作中的某个人说出一个他很想实现的、却不可能达到的目标。然后这样回答：“我同意。这听上去是不可能的。那怎么做会让它成为可能呢？”然后帮助对方进行头脑风暴，思考把目标变成现实的步骤。

# 秘诀2　魔力悖论

**作用：**让对方从“抗拒”变为“肯听”，从“没人理解我”变为“你理解我”。

做人们意料之外的事。意料中的事是乏味的，没人理睬的。

——史蒂夫·斯特劳斯（Steve Strauss）

《小企业成功圣经》（*The Small Business Bible*）作者

绝大多数魔术靠的是巧妙的手法，而魔力悖论靠的是巧妙的心法。当你的行为看起来恰好和意图相反，你就在使用魔力悖论了，正如它的名字所暗示的那样，这是个有魔力的方法。

这个技巧能帮你突破沟通过程中最难的部分：起始部分。你需要把人们的状态从“抗拒”转变为“肯听你说话”，再变为“开始考虑你说的话”。在人质谈判中，这是经典的起步，在商业危机中它也同样重要。

为了看清魔力悖论是怎么运作的，请想象以下场景。你是阿特的经理，而他最近工作完全没有效率。你知道他正在闹离婚，而且你已经尽可能放他一马了。可如今他的情况越来越糟，而你的项目因此岌岌可危。你不想炒掉阿特，因为你知道他能胜任这份工作，况且你也没时间再培训别人了。可你必须得让他加把劲儿，否则大家都要有麻烦。

如果你聪明的话，你就不会找到阿特，说出这样一番话：“哎，我知道你最近不好过，可你得打起精神来。你知道该怎么完成工作，我也知道你会圆满完成的。只要设定几个目标，我敢肯定你能按时完成。大家都有压力，我们可都指望你了。”

如果你这么干（就像绝大多数经理那样），阿特多半会为自己申辩，并且用“是的……但是”的句式反击回来。比如，“是的……但是我时间不够”，或者“是的……但是没人肯支持我”。你继续施压，他就越是要为自己辩护，气愤地大吵一通，甚至辞职不干了。

这不是你想要的结果，也不是阿特想要的。所以，你应该做一件阿特最意想不到的事情：对他的负面想法表示理解和同情。

例如，你可以说：“我敢打赌，你觉得没人了解那种害怕完不成项目的滋味。你很不开心，因为你觉得我们都对你很失望。我敢说，你觉得没人能理解你现在的艰难处境，因为你要同时面对这么多事情。”

现在，等着魔力发挥作用吧。因为你理解阿特的情绪，你增强了他的镜像神经元抵抗匮乏的能力，让他觉得你理解他。

第一个悖论：你清清楚楚地告诉他，你知道他感到没有一个人理解他，可你却让他意识到，你理解他。

第二个悖论：一旦你把造成阿特负面情绪的原因都说了出来，你就把他的态度变得积极正面了一些。起初，他多半会变得很矛盾，他会说：“是啊，现在真是糟透了。可我知道，你需要我干完这活儿。我会看看能不能完成。只是别期待奇迹。”此时，你就有了足够的胜算，把他推向“接受”阶段：“我知道我弄砸了。但是我能做好。我真的行。只要给我几天时间，我能把耽误的工作补回来。”

## 一连串的“是”

魔力悖论是怎么发挥作用的？你让对方说出了一连串的“是”（“是，你说得对，我的生活一团糟，我再也忍受不了了”），因此你把他的态度从不同意变成了同意。一旦你们之间达成了这样的一致和相互理解，对方就在情绪上作好了合作的准备，而不是反击回来。想想第 1 章奥秘 1 中讲到的人质事件，你就会发现，这正是克雷默探长用来化解生死危机的方法。

像克雷默探长一样，我也曾使用这个魔力悖论的方法，在生死攸关的时候让对方瞬间改变了态度。我曾治疗过一位深度抑郁的女士，她在遭遇了一桩残忍的强暴案之后曾两度企图自杀。她在我对面坐了6个月，极少说话，从来没有跟我有过眼神接触。有一天，当她谈起一生中遇到的种种不幸的时候，我自己的情绪发生了改变——我突然觉得她这一辈子的全部绝望都朝我袭来，无法抗拒的灰暗把房间里的所有色彩都吸走了，我几乎无法呼吸。

我连想都没想，就脱口而出，“我从不知道情况有这么糟。我不能帮你自杀，但如果你这么做了，我依然会认为你是个好人。我会想念你，而且或许我会理解你为什么要那么做”。话一出口，我吓得够呛，我这不是在允许病人自杀么！可我的话音还在飘荡的时候，她转过脸来，第一次直视着我。随后她笑了，简单地说了一句：“如果你真的能理解我为什么要自杀，或许我就用不着了。”她的确没有自杀。事实上，她后来结了婚，生了孩子，还成了一名心理学家。而且，她让我见识了魔力悖论的力量。

同样，如果工作中或家里遇上了非常紧急的情况，而你需要阻止对方犯下很严重的错误，你也可以使用这个方法。以下就是个例子：母亲罗斯和她正处于青春期的女儿莉兹的对话，而莉兹正跟一个坏男孩（妈妈很清楚）交往。

莉兹（生气地大喊）：够了！我受够你了！还有你那些规矩！我要搬出去和瑞安一起住，我现在已经18岁了，你管不着我了。

罗斯（深吸了一口气，克制住吼回去的冲动）：咱们只说一分钟。我敢说，你觉得遵守我们定下的规矩很压抑，而你觉得没人理解这种感觉。

莉兹：没错！我快压抑死了！

罗斯：我敢打赌你很生气，因为你觉得你已经快成年了，可仍然得跟父母住在一起，而我们不理解这样有多难。

莉兹（开始有点平静下来了）：嗯。

罗斯：还有，我敢说，你觉得我们完全不理解你担负的压力有多大，不明白你在努力作出艰难的人生决定。

莉兹（抒发郁结）：是很艰难啊。而且我没法跟你说，因为你和爸爸有自己的烦心事儿，尤其是爸爸现在没了工作。

罗斯：那些事儿是挺烦的，可你的问题跟我们的问题一样重要。

事实上，如果咱们坐下来把这些事儿都聊聊，咱们都会好过一点。拿出几分钟时间，跟妈妈喝杯茶，好不好?

莉兹：好，没问题。

在这段对话的开头，莉兹把罗斯当做敌人。但是，通过使用魔力悖论法，妈妈得到了一连串的“是”，这让莉兹的情绪慢慢平复下来，到了愿意休战的程度。简而言之，莉兹从抗拒，到肯听，再到愿意考虑母亲的话，这一切都是寥寥几句话的结果。而结果呢，妈妈得到了更好的谈话机会，可以跟女儿谈谈那个大错误。

## 赢得信任

魔力悖论不仅可以帮人抒发郁结，或是说服别人做出正确的行动、舍弃错误的做法，它也可以用在以下场合：如果你需要赢得某人的信任，而此人在之前却并不信任你；或是你身处一个“有毒”的工作环境中，希望别人知道你没有同流合污。在这些情况下，魔力悖论也是很有威力的。

**案例直击**

### 魔力悖论的秘密

杰克是洛杉矶一家律师事务所的新晋合伙人。这家律师事务所希望多培养女性律师，可它一向以“工作到死”而著称，压力大得要命，尤其是对那些家里有小孩的女律师来说。由于要把孩子交给保姆带，而且陪孩子的时间太少，女律师们往往会感到内疚。

一天，工作了 3 年的律师珊娜情绪崩溃了，因为她 3 岁的孩子第 N 次对她说：“我讨厌你去上班，我再也不喜欢你了。”这件事让珊娜再也忍受不住了，杰克走过她办公室的时候，从门缝里看见珊娜头抵在桌子边上哭。

之前的管理层会只当没看见，可杰克不一样。因为他也爱自己的孩子，而且很感激妻子可以留在家里照顾孩子。他正在着手让律师事务所变得更加温情友善，但他知道这需要时间，他也知道这些年轻母亲们心里有多难受。

杰克敲敲门，礼貌地问道：“嗨，珊娜，我能进来吗？”

珊娜抬起头来说：“哦，没事了，我没事。”

杰克知道珊娜会调整过来，但他心里也有点乱，因为公司承诺要善待女律师，却并没有做到。他走进珊娜的办公室，然后把门关上。

他看着她，说：“珊娜，我敢说，你觉得自己总会让一方失望，几乎每次都是这样，不是让孩子失望，就是让公司失望；不是让公司失望，就是让孩子失望。是不是？”

珊娜看着他，停顿了一会儿，然后涌出了眼泪：“我真不愿意对不起孩子，又对不起合伙人的期望，我真讨厌我又开始抽烟了，而且长了20磅。”

她住了嘴，有点后悔不该把这些私人想法跟同事说。杰克接上去：“我敢打赌，你觉得情况变得更糟，而不是好转了，是不是？”

珊娜哭得更厉害了。杰克不想制止她，因为他知道，珊娜需要把心里的气愤和挫折感发泄出去。他只说了一句话：“又做律师，又做妈妈，真的很不容易。”

珊娜只是说：“嗯，嗯。”但没过几分钟，她的泪水渐渐收住。随着情绪风暴过去，失败和无助的最糟糕感觉也变淡了。过了一会儿，她从桌边站起来，朝杰克走去，给他一个拥抱，然后说：“谢谢，你是个好老板，也是个好人。”杰克不好意思地笑笑，说：“你是个好律师，也是个好妈妈！”

在这之前，珊娜认为杰克既是公司问题的一部分，又是一个希望员工拿出不可能的成绩的家伙、一个不在乎造成间接伤害的人。可从杰克离开她办公室那一刻起，她对他的看法完全改变了：杰克是个支持自己、尊重自己的同事，是一个完全值得以尊重和最佳的工作表现作为回报的老板。

杰克短时间内就完成了这次看法转变，甚至比某些经理订份午餐还快。这次转变改变了他和同事未来数年间的关系。他是怎么做到的？他理解了魔力悖论的秘密：如果想让人们作出意料之外的行为，你就先做一个。

### → *想想看*

谈话开场，你替对方说出了“不”，这就为对方打开了说“是”的大门。

### → *做做看*

选一个工作中某个拒绝跟你合作的人，此人要么为没做成某事而找理由，要么就用“是的，但是……”的说法来回答你。（要保证此人的确有能力完成这项工作，并且有足够的时间和资源。）

1. 对此人说：“我敢说，你觉得没可能完成我叫你做的事情，是不是？”如果你路子对了，对方会点头同意，对你的理解会感到有点奇怪，而且会稍稍放下防备。

2. 继续说：“我敢说，你挺犹豫的，不敢把完不成的事儿直接告诉我，是不是？”对方多半会点头同意，甚至会说“是”。

3. 你最后说，“事实上，你认为唯一能完成任务的方法是……”（让对方接着说完。）

4. 然后，和对方合作，把解决方案变成现实。

# 秘诀3 同理心催生法

**作用：**通过改换对话双方的立场，只需一步，就可以使对话参与者从“抗拒”转变为“愿意照做”。

强烈的愤怒比刀剑还要伤人。

——印第安谚语

在职业生涯的早期，我听够了同事之间、夫妻之间和家庭成员之间的抱怨，他们不肯听彼此说话。我讨厌那种“他说/她说”的战争，我讨厌这种没有赢家的争斗。在这种幼稚的争论中，我能够达成的最好结果不过是暂时休战。许多时候，我觉得自己只是在给一道正在裂开的淌血伤口暂时包上绷带。

我给这样的人起了个名字，叫做“愚昧的指责者”。这些人把沟通当做血腥的战斗，无休止地责骂别人，却一秒钟也没想过被攻击的那一方感觉如何。（“鲍勃完成工作的时间总是超过我们的预计。而且他从来也不听我的建议，因为他觉得自己什么都懂。他那副模样，就好像他是多大的官儿似的。而且没人喜欢他，因为他不会跟别人合作。而且……”）

最重要的一点是，愚昧的指责者自以为是：他们擅自把“事实真相”告诉我和对方。他们一点儿都不想知道伴侣、同事或孩子的想法。在愚昧指责者的心里，目标不是和别人分享信息，而是把对方的每个缺点都揭出来，然后稳稳坐好，说一句：“那——你准备怎么办？”

想让这种人冷静下来，或是让他们好好听别人说话，多半是没用的。有一天，我偶然发现了一个办法，而这个办法改变了一切。

当时来作咨询的是富兰克林一家，原因是他们家 15 岁的儿子哈利不肯做功课，不肯帮忙做家务活，父母说什么都不肯听。“隔离”反省，不许上网，或是勒令回自己房间，这些法子几乎都没用，只让他变得更加闷闷不乐。对于这种状况，哈利的妈妈琼看上去比爸爸罗伯特更加担忧。

一家三口在我的办公室刚坐定，我就问他们为什么来找我。琼开始长篇大论地数落哈利。罗伯特在一边默默地坐着，看得出来，他同意琼的抱怨，但也理解为何儿子这么厌烦母亲的抱怨。同时，哈利坐在那儿，双臂交叉在胸前，棒球帽拉得低低的，盖住了脸。好像在说，现在他最不愿意待的地方就是这个房间。

我必须要想个办法让罗伯特和哈利也参与进来，同时又不孤立琼。所以我尝试了一种新方法。

“琼，”我坚定而自信地说，声音里没有一丝敌意和挫折感，“如果我问哈利，为什么他认为这种咨询不过是浪费时间和钱，他会说些什么呢？”

“您说什么？”琼问道。她长篇大论的数落还没结束呢。

我重复了一遍，加了一句：“琼，请你站在哈利的位置上想想，然后告诉我，为什么他会认为这种咨询是浪费时间，什么结果也得不到。”

那一刻，好几件有趣的事情发生了。琼停住了嘴，罗伯特向我投来疑惑又好奇的眼神，一直戴着帽子的哈利微微放松了交叉的胳膊，把下巴抬离了胸口一丁点儿，这意味着我引起了他的兴趣。

琼想了一会儿，答道，“他大概会说，浪费时间是因为，结果不过是妈妈教训我一顿，而爸爸只会在一边听着，什么也不说。跟在家一模一样。”

“这样啊。”我说道，这是为了强调琼的显著变化：从攻击变为理解。随后我接着说，“如果我问哈利，这让他有多么沮丧，他会怎么说呢？”

琼答道：“他会说，他受不了了。”

“要是我问他打算怎么做，他会怎么说呢？”我继续问。

“他会说，他不想理会这一切，想要尽快离开这里，”琼答道。

到了这个时候，哈利和罗伯特两人都被琼和我之间的对话吸引住了。

我转向罗伯特说：“罗伯特，要是我问琼，对于你面对哈利的态度，她心里是什么滋味，她会怎么说？”

此时，琼对罗伯特要说的话来了兴趣，甚至哈利也是。

罗伯特停顿了一下，然后答道：“琼大概会说，我这是在妨碍她管教孩子，因为我表面上同意她，但实际上是在告诉哈利，我同意哈利，看妈妈能有多过分。”

“如果我问琼，这让她有什么感受，她会怎么说？”

罗伯特说：“孤单。每个人都跟她对着干，没人帮助她。”

这时琼哭了起来，说道：“我也不想这么讨人厌，可生活就在于细节啊，要是每个人都对这些事儿视而不见，哈利就要栽跟头了。”

这时，我终于看到了哈利的眼神，而且他放下了交叉的双臂。我问他：“哈利，要是我问你爸爸妈妈，他们究竟是对你失望，拿你没办法呢，还是担心你，他们会怎么说呢？”

哈利犹豫了一下，然后回答了我，声音里带着一丝醒悟：“我猜他俩会说，他们是担心我。”

“要是我问他俩担心的是什么，他们会怎么说？”我问。

“说怕我会变成个没用的人，生活一团糟……可他们也管得太严了，我都快没法喘气了，”他答道。

“我知道，他俩的方式烂到家了，但先说说你刚才说的那句话。他们为什么要担心你变成个没用的人，生活一团糟呢？”我问。

“因为……他们爱我，”哈利说，好像长久以来第一次才明白过来。

就是这样。咨询余下的部分在友好合作的气氛中继续下去，没有言语攻击，没有相互指责，没有无声的狂怒。富兰克林一家像彼此关爱的人们那样对起话来，而不是像疯狗一样相互撕咬。

取得这次突破后，我开始把这个技巧应用在建立沟通桥梁、弥补交流裂隙中。对象包括律师合伙人、资深经理、经理、下属。(在第 2 章法则 3 的开头，你会看到一个好例子。我在两名交战的律师身上运用了这个方法。）我把这种方法叫做“催生同理心”沟通法，因为它能在彼此反感、甚至是公开表露敌意的人们中间迅速地催生出同理心。你也可以叫它同理心催生法。

## 为什么它会有用

同理心是个感知的过程，也就是说它激活了你神经系统的感知部分，其中就包括我们之前提到过的镜像神经元。而气愤则是个“机动”的过程，它往往是遭到别人伤害之后作出的反应。因此，同理心催生法能把人们带出气愤状态，进入有同理心的状态，从而把“机动”脑切换成“感知”脑。

换种方式来说，气愤和同理心就好比正物质和反物质，不能同时同地存在。想让这一个进来，就得让那一个出去。因此，当你把一个人从指责状态切换到了同理心状态，他就不会一直卡在气愤的死胡同里了。

那么，被指责的一方呢？一开始，这个受气包感到非常沮丧，因为无论他或她想让外界映照体察出什么情绪（我很抱歉，我很困惑，我很害怕，我那么做是有合理理由的)，可愚昧的指责者都看不见。因此，受攻击的这一方往往处在一种无声的、几乎难以控制的强烈愤怒中。

可突然之间，而且是出乎意料地，指责者明白了对方是多么悲伤、气愤、害怕或是孤独，于是自动自发地变成了同盟军。当防卫方觉察到指责者的理解，知道他们是同一阵营的，也就没有必要再防卫下去了。防卫者筑起的“高墙”，还有那些没有说出的愤怒和挫折感顿时烟消云散。他对指责方的恐惧或嫌恶不见了，这种释然引发了一阵强烈的感激之情，无声的愤怒奇迹般地转变成了原谅以及解决问题的意愿。

## 何时运用同理心催生法

当你周围的两个人无情地相互攻击，而不是沟通的时候，或者至少有一方更愿意攻击别人而不是倾听的时候，同理心催生法就是个强有力的干预工具。在冲突刚刚显示出失控迹象时，就使用它。请看例子——

一个软件小组的经理：这个产品下周要推出了，可我听说出了问题。

西蒙：没错，是有问题。金不肯给我足够的时间。她订的目标根本不现实。没人能按她说的那个时间完成。

金（气坏了）：要是西蒙按照我说的做，他就能完成的。我们进度晚了，是因为他花了 3 天时间，往里头加了一大堆铃铛图片和声音什么的，谁需要这些啊。我们必须要把这产品卖出去，可我们手里捏着一大堆没用的玩意儿，却没有产品可卖。可别把这摊子破事怪在我头上。

经理：好吧。我们讨论产品发布之前，我想先做一件事。我知道你们两个干起活儿来都是把好手。事实上，在我共过事的人里，你们两个是最棒的了。我也知道，你们两个合作起来有困难。所以，我想各问你们一个问题，为的是看看咱们能不能改善一下情况，让你们两个都好过一些。

金和西蒙（都带着防卫心态）：行。

经理：咱们先从你开始吧，金。我的问题是：如果我问西蒙，跟你合作的时候，最让他有挫败感的是什么事，他会怎么说？

金（听到这个问题很惊讶）：呃，这个……我想他可能会说，我不尊重他的能力。或者说，比起把产品做得尽善尽美，我更关注设定时限。

经理：所以，这会让他想要怎么做呢？

金：抓狂。因为，你瞧，我知道他是真心想把这个产品做成市面上最好的，可现在做不成。我理解这想法，真的理解，可这样行不通呀。

经理：谢谢，谢谢你回答。现在，我想就同样的问题来问问西蒙。西蒙，要是我问金，跟你合作的时候，最让她有挫败感的是什么事，她会怎么说？

西蒙（听到金的理解，放下了武装）：唔……呃……好吧，我想她会说，上头希望她按时完成工作，要是我们耽误了，她就会挨批的，因为我把时间花在添加上头没说要做的东西上了。我也真的理解这个，我是说，在我看来，要是产品不够尽善尽美就发布出去，这是不对的，可我也能明白金的担忧。

经理：这让她有什么感觉呢？

西蒙：大概是害怕上头会炒了她。她也可能特别生我的气，因为我把事情搞砸了。

经理：谢谢你这么坦诚地回答问题。现在，我知道大家都希望尽快完成产品发布。所以咱们来规划一下时间，看看能否按期完成。待会儿你们两个愿意商量一下吗，看看是不是有办法满足西蒙做出最棒产品的目标，又能符合金按期完成的需求？因为我相信，你们两个会商量出好办法的。

**当你使用这个同理心催生法的时候，要避免一点：在谈话过程中不要加入你自己的意见。**哪怕是积极的也不行（“我当然同意你说西蒙很有才。”）你的目标是让对谈的两个人彼此映照，如果你站在中间，他们是没办法做到的。因此，你需要引导，但是不要插嘴。

同时，你也要明白，你并不是要即刻解决桌面上的问题（孩子晚上回家的时间超过了规定、同事没有按期完成工作等）。相反，你正在把面前的人引领到一个地方，在那里他们能够解决这个问题，还有随后产生的一个又一个。

正确地使用这种方法，需要你解决的问题会越来越少，因为经历过同理心催生法的人们以后就没那么喜欢相互攻击了，而是更渴望让彼此都过得顺顺当当。这是因为，他们真的“互换”了角色，起码有那么一瞬间。而现在他们都知道，对方心里是什么滋味。

## 将心比心的力量

你可以使用同理心催生的方法，让对方理解你的感受。例如，有个同事总是把事情做到半拉就撒手不管了。你可以这么说：“客户答应按期付款，可是却没做到，咱们担心这个人是不是在蒙人，可还是得对他客客气气的，因为不能冒犯他。这是不是让人挺郁闷的？”

对方说“很郁闷”的时候，你说：“这事会不会让你很生气，甚至害怕跟这种人做生意呢？”

对方说“是”之后，你温和地说：“明白这种滋味以后，你会对别人这么做吗？”

你多半会得到一句“不，当然不会”，此时你可以说，“你知道吗，当我需要靠你完成一个项目，可又不能确定你能不能做到的时候，我的感觉就是这样。我不想伤害你的感情，因为我尊重你，喜欢你，可当我不知道是否能信赖你的时候，我就会觉得很郁闷，很害怕。”

一般来说，此人会把此事牢牢记在心里。而简单的同理心催生法会在未来为你赢得更多的合作。

## 在自己身上应用同理心催生法

你是个愚昧的责备者吗？真相是，在人生中的某些瞬间，我们大家都是。如果你发现自己经常身陷恶毒的争吵，把气愤和责备当做武器，就采取以下行动，唤起自己心中的同理心。以下就是做法：

1. 回想一个经常让你感到沮丧、气愤、受伤害或失望的人。家人、同事或朋友都可以。

2. 想象此人做了一件让你很窝火的事情。如果把气愤程度从1到10打个分的话，这件事起码能得8分。在脑海中细致地想象那个场景，注意自己的感受。

3. 现在，把自己换到对方的立场去。想象一下，如果我问那个人，你有哪些方面让他或她最为生气、受伤或感到挫折，那个人会怎么说。把自己想象成那个人，说出那个人多半会说的话，比如，你吹毛求疵，你主观臆断，你总是扮演受害者的角色，或者你控制欲太强。要坦诚面对你在你们之间做出的负面举动。

4. 接下来，想象一下，我问那个人对你有多么生气和失望。再一次，站在对方的立场，说一句“非常生气”。

5. 现在，想象一下，我问那个人，“你能描述一下对方（也就是你）做过的让你伤心的事情吗？”回想你曾做过的伤害此人的事情，以及这些事让对方有什么感觉，然后站在对方的立场上回答。

6. 最后，按照相同的评分标准，看看现在你对那个人的气愤程度有多少。

怎么样？结果多半是，你在这个练习刚开始的时候会觉得很生气，可当你站在对方角度考虑问题的时候，你的怒气就减弱了。一般来说，当我请听众们作这个练习的时候，他们的愤怒评分起初是 8 分或 9 分，结束的时候是 3 分或 4 分。这是因为你无法在同一时间里既体察某人的情绪，又生这个人的气。

所以，下回有人惹火了你的时候，深呼吸，找个安静的地方，先做做这个练习。很有可能你会为自己，也为对方，省却了许多痛苦。

### → 想想看

你能否在受别人攻击时，还设身处地地为对方考虑？

### → 做做看

为了培养自然而然的同理心，每天让自己练习一下同理心催生法。例如，一个你不太喜欢的同事跟难缠的客户打电话时，观察这个场景，问问自己，“如果我是他的话，我会有什么感觉？这个电话会让我生气、窝火，或是不高兴吗？”或者，如果某天你的老板比平常粗暴，问问自己：“如果我要承担起她负的所有职责，操心她管的所有事儿，我会有什么感觉？”这样做得越多，旁人带给你的压力和挫折感就越小——你和他们相处得也就越融洽。

# 秘诀4 出人意料的立场转换

**作用：**通过创造同理心，让一个有逆反心理的人顺利进入"愿意去做"的阶段。

谦卑是确凿无疑的力量的标志。

——托马斯·默顿（Thomas Merton）

作家及天主教特拉普派修道士

案例直击

## 同理心催生法

文斯是条懒虫。他足够聪明，足够做好法务助理的工作，可他喜欢省事。他经常马马虎虎地做完工作，或是把工作推给别人。同事们加班加点赶着完工的时候，他却早早下班。

雇用文斯的那家公司认为他是个人才，可文斯的表现却证明他是个麻烦，管理层很失望。

有一天，文斯的老板把他叫进了办公室。文斯担心起来：是不是上头终于发现他没有好好干活了？他心里非常复杂：想为自己辩护，又夹杂着恐惧和气愤。

文斯的老板蒂雷尔在办公室门口迎接他，请他坐下，递给他一杯咖啡。然后，她做了一件文斯万万想不到的事情。

蒂雷尔是完全按照我教给他的方法说话的："对不起。我认为肯定有些事情我做得不对，让你很沮丧，我愿意为此道歉。我觉得我做得不好的事情是……”

半小时后，文斯回到了自己的桌子前。自打他进公司起，从来没这么努力工作过。并且他为此很开心。

蒂雷尔做了什么事，让文斯在30分钟内从麻烦鬼变成了发电机？她使用了一个出乎所有人意料之外的办法。我称之为立场转换（因为它确实是人们期望的对方立场），这就是第3章秘诀3中所讲的“同理心催生法”在两个人之间的运用。

如果对方完全有能力做好一份工作，却没有付出百分百的努力，那么我强烈推荐你使用立场转换法。以下就是做法：

1. 首先，告诉对方你希望用10分钟聊一聊。先把会面时间定下来，好让对方到时候能全神贯注地听你讲。如果此人想跟你马上谈，你就用尊重的口吻说：“不要，你正在做事情呢，我要说的不是生死攸关的急事。等你不会被其他事情分神的时候我们再谈。”

2. 作好准备：想三件你可能让对方失望或产生挫败感的具体事情。例如，缇娜认为我总是把最没意思的工作分给她。她大概会很窝火，因为批给她的预算不够买她想要的设备。她还会很生气的是，上一任给她留下了不少麻烦事，可有时候我会责怪她。不要管你自己有多窝火，多生气，把你自己的问题先放在一边，站在对方的角度想一想。

3. 见面时，对方以为你会批评人，或是要跟他对着干。相反，你这样说：“你大概在等我开抱怨清单吧，就跟以前一样。可我现在想的是，有哪些事让你对我感到失望。你大概不敢把这些事告诉我，因为你觉得我会为自己辩解。我认为这些事情是……”然后，把你认为可能会让对方感到失望的三件事情说出来。

4. 说完之后，以这句话来结束：“是不是这样？如果不是，哪些事情让你对我感到失望呢？”然后倾听对方的话，停顿一下说：“这些事情让你有多烦？”

5. 对方回答完后（多半是怯怯的），真诚地对他说："原来是这样……以前我不知道，我猜以前我也不想知道。我很抱歉，以后我会尽力做得好一些。"

6. 然后停止。如果对方说："还有别的事吗？"你就诚恳地说："没有了，我想说的就是这些，真心感谢你告诉我这些。"如果对方坚持要问，为什么你要进行这次谈话，你就这样说："我知道我会犯错，我也知道人们可能不大敢把这些告诉我。如果我知道自己哪里做得不对的话，我相信我会把自己的工作做得更好，也会创造出更好的工作环境。"

这是你最不愿意干的事，那为什么还要这么做？这是因为，当别的方法都不管用的时候，它却管用。对懒鬼视而不见，那么问题会继续存在，而且会愈来愈糟。找他对质，期望得到一句道歉和改过自新的承诺，那么你多半会树立一个敌人，而他会抓住一切机会暗地里对抗你。

但是，做出这个出人意料的举动：主动道歉，非同寻常的事情就会发生。你在顷刻间把对方从"自卫模式"中拉了出来，并且让他觉察到了你的谦卑和关注。愿意为自己的行为负责，承诺在将来改正自己的错误，这会显示出可观的亲切、大度和镇定，而这些把你变成了一个值得尊重的人。

因此，那个平日里总是躲开你、忽略你，或者是中伤你的人，会戏剧性地转变态度。你已经赢得了他的尊敬和尊重，所以，他现在担心自己会让你失望。结果他的态度往往会发生突变，业绩迅速好转。

你可以把这个方法用在孩子身上(格外管用)，或是用在朋友和家人身上。例如，看看达娜是如何用这个方法挽救了一段友谊的。对方一度是她的密友，却好几次干了让她失望的事。

莎伦（午餐约会迟到了，而且已经有了防卫心态）：嗨，不好意思，我迟到了。把这加到我的"罪状清单"上吧。我知道上回我忘了参加你给乔开的派对，把你气个半死。我还忘了把你要穿的裙子还给你……

达娜：没关系，别担心，没什么大不了的。实际上，我想做的正好相反。我一直在想咱们俩的友情，我发现，最近我算不上是个好朋友啊。

莎伦：你说什么？

达娜：是呀，我敢肯定，你都受不了我总是抱怨芝麻绿豆大的小事了，比如，裙子什么的；还有，我认为你比较随性，又对你的生活指导这指导那的；而且我对乔和我之间的事儿说得太多，对你的关注不够……

莎伦：嘿，美女，这有什么关系！嗯，或许有些事情让我有点儿烦，可我又没期望你十全十美呀。可是既然你提起来了，我真心谢谢你理解我的感受。我猜，我的确觉得有点伤心吧，因为我们每次出去逛的时候你都带着乔，有时候我的确只想和闺蜜聊聊天哦。

达娜：真对不起。这把你气坏了吧？

莎伦(大笑)：可不，但是比不上我放你鸽子吧。实在太对不起了，我在努力变得有条理一点儿了，可你知道我这德行，还有我那注意力不集中的毛病嘛。我肯定会努力做得更好……咱们的友谊对我来说很重要，我会更努力的。

除了运用这个方法让执拗的下属或朋友放下戒心，重拾动力之外，你也可以用它来弥补被你搞砸了的关系。

我就把这个法子用在了一个老朋友身上。以前在医学院实习的时候，我们曾经是最要好的朋友。当时的我年轻又过于敏感，他无意间做了一件让我很伤心的事情。因此，实习期结束后，他搬到了 90 英里外。自打这以后，我就没跟他联络过了。

简而言之，我们大概有 20 年没有联系过了。有一天我意识到，我不该心怀怨恨这么久，而且我违背了自己的誓言——见过这么多不肯原谅别人的人长大后变得不快乐，甚至更加尖酸，我发誓自己不要做一个心怀怨恨的人。

我出其不意地给他打了个电话，说：“弗兰克，我打电话给你，是因为这么多年来我一直对你有点小小的意见，可原因是什么我都想不起来了。我觉得那事不是你干的，是我过分敏感了，它害得我一直没跟你联络。现在我终于明白了，所以我决定给你打个电话，看看你和家人过得怎么样，因为咱们在实习的时候是最好的朋友啊。”

当年实习期间，弗兰克是最为正常、乐观、招人喜欢、被人尊重的人之一（他得到了最佳实习生奖），而他现在一点儿也没变。他的回答就好像我们一直是朋友一样，“嗨，马克，接到你的电话真是太好了。我从来也没觉得咱们之间有什么过节，只是大家都各忙各的去了嘛。”

我们简单地说了说近况，几分钟后挂上了电话。要说我是不是觉得自己特别傻——我觉得自己就像个无可救药的神经过敏的精神病医生。（你肯定在想：“你们这帮人不都是这样吗？”）

可是，故事并没有完。我的电话和歉意必定是触动了弗兰克，因为两天后他打来电话问：“嗨，马克，这周末你有空吗？如果你在家，我很想带家人到洛杉矶来看看你们。”

我用这个方法解决了一桩我自己酿造出来的怨恨，你也可以把它用在麻烦制造者身上。这个方法能够在一瞬间把对方从对立变为合作，但你首先要找准施用的对象。对于可教之才来说，也就是那些一点就透的人，这个方法最管用。对于我在第2章法则9中讲到的爱占便宜的人和自恋狂，这方法就没那么管用了（或者完全不管用），因为这些人不懂得将心比心。

然而，如果你不能肯定是否应该把一段关系继续下去，你可以把这个方法当做测试手段。那些有所反应的人，他们会提高业绩、努力赢得你的尊重，是值得继续交往下去的。至于那些继续让你失望，而不是响应你的谦卑的人，就算他们惹得你想发火，你也别生气，别反击。相反，说一声“再见”就行了。

### → *想想看*

一盎司的道歉抵得过一磅的怨恨、一吨的“差劲儿表现”？

### → *做做看*

找出一个让你失望的人，请他吃午饭或晚饭。出发之前，把你对他的失望程度按1～5打个分(5分是极度失望)。在你们会面期间,使用立场置换法,为你曾做过的、惹他不高兴或冒犯他的事情道歉。

在你们见面一个月后，想想这一个月来他的行为，给你的失望程度再次打个分。有没有显著下降？如果下降了，那你的方法就奏效了。你的失望程度仍是同一个水准吗？甚至更高了吗？如果是，就考虑一下，把这个人从你的生活中排除出去吧，因为你很可能遇到了一个自恋狂，以后他除了麻烦以外，什么也不会给你。

# 秘诀 5　你真的这么想吗

**作用**：面对抓狂的人，通过减轻他的气愤或恐惧，让他从“抗拒”转为“倾听”。

反应过度就是发怒的真相。

——纪伯伦（Kahlil Gibran）

诗人、哲学家

这个有趣的小窍门是我的朋友斯科特·雷格伯格（Scott Regberg）教给我的。他在洛杉矶开设的雷氏公司承办高档次的会务服务，从总统辩论电视转播到大型国家级会议他都做。如果你参与过这种策划，你就会知道，这不仅需要钢铁般的意志，而且必须拥有巴顿将军般的组织能力。

归根结底，正如斯科特所说的，顺畅而成功地组织大型活动（而且显得不费吹灰之力）需要的是高效的沟通能力，而且在时限快到的时候，能让人们保持冷静。这些人包括客户、策划人、设计师、绘图师，还有成百上千的、从基层到高层的各色人等。

说到让每个人保持正常的工作状态，有件事斯科特特别擅长，就是安抚那种对极易解决的芝麻小事大惊小怪的人。（如果你曾经组织过婚礼接待，或是犹太成年礼，你就知道我说的这种人是什么样子。）斯科特是这么做的：当一个人恐慌地冲进门来，抱怨着问题有多么严重、世界末日已经来了等，斯科特只是简单地、镇定地说一句：“你真的这么想吗？”

这个方法非常有效，因为当你冷静地这么问出来的时候，大多数语带夸张的人会承认错误，调整自己的状态。典型的反应是，他们会这样找台阶下：

“呃，也不是，但我对……特别郁闷。”然后你就可以说：“我理解，但是我需要知道事实是怎么回事，因为如果你说的都是真的，那咱们就遇上大麻烦了，得把它解决了才行。”到了这时候，他们已经退缩回去，权力已经回到你手上。

**这一招的关键在于，问出问题（“你真的这么想吗？”）的时候，你不能反感，也不能轻视对方，而是要非常镇定，直截了当。**你的目的不是为了激起对方的反抗，而是要让对方停下来，意识到：“我真是小题大做了。我真像个大傻瓜。”

一般来说，你需要的只是问这么一句话：“你真的这么想吗？”然后再加上一两个问题，比如——

> 你的另一半：上帝啊，真不敢相信我们又要争论钱的问题了。烦死了。我永远赢不了，因为每次我告诉你我担心钱不够用，你就出门去买东西，然后说我太抠门。非得破产了你才高兴是吧！
>
> 你：你真的这么想吗？每一次你说你担心钱不够用，我就出门去买东西，然后说你太抠门，还有咱们破产了我才高兴？
>
> 你的另一半：嗯。因为你就是这么干的。哼，好吧，不完全是这样，可看上去就是这样的。
>
> 你：我理解你的意思，但我真的想知道，你是不是觉得我不关心咱们的财务状况，真心希望咱们破产。因为如果是这样的话，那咱们就有很严重的误解需要澄清了。
>
> 你的另一半(敌意没那么重了)：老天啊，我不是这个意思。好吧，算我夸张了。只是你让我太生气了，每次我想跟你说说我担心的事儿，你都不搭理我。
>
> 你：每次，是吧。
>
> 你的另一半（笑了出来，又说了夸张的话，被抓个正着）：好吧，不是每次，很多次嘛。这真的让我很恼火。

到了这时候，针锋相对的争吵已经变成了平等的意见交换。

如果对方一向爱发牢骚，而你处在掌控的位置上，不用担心这会危及你的工作或影响你们的关系，你可以试试这个方法的“激将法”版本。以下就是例子——

比尔，一个精力充沛的汽车销售员，突然冲进了经理的办公室：我他妈的要怎么才能做成一张单子？这儿的人全是弱智，不知道自己在干吗！全是废物，白痴！

弗兰克（他的销售经理）：你真的这么想吗？

比尔（没有防备，正在气头上，甚至没想起自己刚才说的是什么）：想什么？

弗兰克（语气坚定而冷静）：你真的这么想吗，在这工作的每个人都不知道自己在干什么，而且他们全是废物和白痴？你是不是说，这儿一个知道自己在干吗的人都没有？

比尔（被当场抓到了夸大其词的小辫子，开始后退）：呃，也不是每个人，可需要他们帮忙的时候，总是办不成事。

弗兰克（继续问下去）：不，我是说真的，比尔。如果在这工作的每个人都是废物，咱们就遇上大问题了，我需要你的帮助，把问题找出来解决掉。

比尔（有点冷静下来了）：哎，别，你知道，我就是气坏了。也不是每个人都差劲。

弗兰克：你气坏了，我理解，但是我真的需要你帮忙，来解决这个问题。你觉得咱们什么时候开始比较好？

比尔：哦，不是不是。我太忙了。我太生气了，说出来就好了。

弗兰克：哦，那我很高兴你感觉好点了。所以，跟我说说，你需要解决什么问题，因为我真的不想让你这么生气。

比尔（开始冷静地要求协助）：首先，我需要……

请注意，比尔放弃得多么快。而且下回他再想夸大其词的时候，他多半会记得这次经历。这种记忆对他也是个强有力的提醒，让他控制好自己的脾气。

当然，每隔那么一两年，你会吓一跳，总会有人用坚定的“对，我是这么想的”来回答你的问题。如果是这样，你要仔细地倾听对方的话。一个有足够的胆量回答“对”并且坚持这个答案的人，多半真的遇到了什么问题，如果你能把这些问题解决，他们会更开心，效率更高。因此，无论你得到的是什么答案，“是”或“不是”你都能用这个简单的问题解决大麻烦。

### → 想想看

在你为解决某人的问题而忧虑之前，先搞清楚那到底是不是个问题。

### → 做做看

回想一个经常小题大做的人，他或她的歇斯底里弄得你筋疲力尽，害得你们每次见面的时候，你都想拔腿逃开。

下次，这个人再激动咆哮的时候，不要理会他的情绪。默数到 5，然后说：“你真的这么想吗？”看着他态度和缓下来，然后请他说说问题的具体情况（如果真的有问题的话）。

# 秘诀6 “嗯……”的力量

**作用**：让一个生气或烦躁的人冷静下来，从“抗拒”变为“肯听”，再变为“开始考虑你说的话”。

最不满意的客户是你最棒的学习来源。

——比尔·盖茨（Bill Gates）

微软公司董事长

**案例直击**

## 嗯，然后呢……

假设你是个销售员。你的公司担心利润下滑，请我来给你和同事们作培训，教你们使用我的方法来提升销售业绩。你对此颇有意见。现在，你觉得这就是在绕圈子，气得要命。

吃午饭的时候，你对我说：“我不知道为什么要学这些跟人沟通的破玩意儿。我受过培训，让我好好干工作不行吗？问客户要买什么，打算花多少钱，然后告诉他们上哪儿付钱，这样不就行了吗？我没那个时间，也没那个精力学这些心理医生的把戏。”

你满心希望我发火，或是自辩。因为说到底，那些“心理医生的把戏”说的是我。

可我没有。相反，我说：“嗯……”一副“再跟我多说一点”的语气。

所以你接下去说：“为了提升业绩，非得学这些东西不可，我真讨厌这种事。这跟我的拿手本事一点关系都没有。何况，我已经看了一些这方面的书。书上说的有道理，我试了一两招，的确有用。可过一阵子我就忘了，所以没坚持多久。”

“是吗？”我说。你很惊讶，因为我好像仍然希望你说下去。于是你继续说。

“是啊，”你说，“让人挺丧气的。我是说，或许这些东西你用起来很自然，可我是个作销售的。我压力大，工作量大，还有一大堆别的事儿要忙，记住6个月前在书里看到的东西是很难的。”

“所以呢……”我表示理解，但是把谈话的主导权交给你。

你继续下去：“所以么……好吧，我知道我开始像那种爱抱怨的人了。我也知道，以前试用的时候这些东西是管用的。或许，说到底是我应该作个决定。我想，要是我试了你的办法，发现真的有用，那我就需要决定是不是该把它坚持用下去。那我就用不着总是要从头学起了。

我回答说：“你花了不少时间有一搭没一搭地用这些方法，得到的也是有一搭没一搭的结果。我能理解你为什么有挫折感，因为这是个负担。”

“是啊，是个负担，”你回答，“可是，我知道问题出在我自己身上。我可不喜欢表现得像个受害者似的。我应该用心学，好好实践，然后下定决心每天都做，直到形成习惯。”

“你瞧，”我说道，“有件事儿可能会有帮助。我会告诉客户一个小贴士，如果你把同样的行为坚持21天，它就会形成一个容易坚持下去的习惯了。就像用牙线似的。”你想了一秒钟，然后冲我点头。

“那你想怎么做？”我问。你停下来，想着自己的状况：下跌的销售额、难搞定的客户、如果完不成销售任务有些账单就付不起了。你戳着盘里的沙拉，然后总结道：“不是我想做什么的问题，而是需要做。”

我喝口咖啡，任由话音飘在空中。然后我问道：“你怎么知道现在是不是该做的时候呢？”

你想了想，然后说："要么现在就做，要么就永远也做不了了。"

"不错，"我说，在主要课程开始之前，我们已经是同意合作的同盟军了。

刚才发生了什么事？

刚开始的时候，你很生气，心里满是挫折感，而且一副防卫的姿态，你觉得事情会越来越糟。你每说完一句气呼呼的话，就停下来，直觉地等待我教训你、反驳你，或是把重点放在你的消极行为上。如果我做了上述任意一项，你八成会坚持到底，然后跟我吵上一通，即使你心里暗自同意我说的话。

可是，我恰恰反了过来。我没有让你停下，而是用诸如"嗯……""是吗"和"那么……"这样的句子，鼓励你表达得更加深入。我每这样做一次，你就冷静下来一点。因此，到了对话末尾，你没在尽力告诉我你为什么会失败；事实上，你在努力地说服我你肯定能成功。

当你面对一个正在发脾气，或是为自己争辩的人的时候（当然，你是引起这一切的恶人），"嗯……"是个好办法。它可广泛应用于各种场合，从人质危机到气冲冲的客户。因为它能够迅速地把一场潜在的争吵转化为充满合作气氛的对话。原因如下。

面对一个生气或烦躁的人，大多数人的反应刚好是错的。他们出于好意会这么说，"好吧好吧，冷静一下"；或是禁不住自己发起火来，"噢，是吗？你觉得我的主意烂透了，可你错了，我做给你看"。一般来说，这两种方法都会产生灾难性的后果。把对方惹火，你会卷入一场争吵；礼貌地请对方冷静下来，等于是在传达一条居高临下、让人勃然大怒的信息："我是清醒而理智的，而你是个坏脾气的混球。"这两种做法都会让对方产生强烈的抵触。

相反，**"嗯……"是个消气的法宝。当你这么说的时候，你没有试图让对方闭嘴；相反，你在告诉对方，"你对我很重要，你的问题也是。"**这下，镜像神经元又发挥作用了。

当人们做出攻击行为的时候，往往是因为他们感到自己受到了糟糕的对待（这感觉可能是对的，也有可能是错的）。如果你面对的是一个气冲冲的顾客，就尤其是如此。这样的人往往在人生其他事情上受到了伤害，却把火气发在“没有反作用”的对象身上，比如，踢狗一脚，或是冲你大吼一顿，因为这些受气包不会炒掉他们，不会跟他们离婚，也不会把他们逮住关起来。

你的自辩或反击只会加强一种印象：你认为这些人是错的，是不重要的(而且很蠢)。这加重了他们的镜像神经元接受匮乏，惹得他们怒火中烧。而你作出违背直觉的行动，鼓励他们说下去，效果刚好相反：你发出了尊重和感兴趣的讯号，对方就会觉得非回馈给你同样的东西不可。

我把“嗯……”称为“关系深化工具”。它会告诉人们，他们说的东西是重要的，是值得倾听，并值得采取行动的。而你也能看到，这不需要你作出任何承诺。唯一的目的就是让对方冷静下来，让你能够辨别真正的问题所在，想出现实的解决方案。

因此，如果你在跟一个情绪失控的客户或顾客交流的时候，我推荐把“嗯……”作为你的第一道防线。请看下面的例子——

顾客（一副好斗的模样）：上回你们卖给我的是垃圾！你们的产品是什么破玩意儿，你们的服务烂透了，你们这群人都是贪得无厌的大骗子。

你（用鼓励的语气说道，就像你想多听一些似的）：嗯……

顾客（气鼓鼓地）：你什么意思，你？“嗯”是什么意思？

你（坚定而冷静地）：我在想，尽快解决这个问题是非常重要的，否则事情就该越变越糟了。那可不行，您说呢？

顾客(火气降了一点儿，开始冷静下来)：呃，唔……是的。可是，如果你真能帮上忙，那我可想不到。你可不知道，你们让我遭了多少罪啊。

你（鼓励地）：请把情况多跟我说说。

顾客；真的？你有一天的工夫么？行啊，好吧，反正是你要求听的。第一，上回你们发过来的GPS不能用。我送回去修的时候，你们还给我了一个旧的，全是划痕，像垃圾一样。

你：我能理解您为什么这么生气。关于我们给您造成的问题，还有能告诉我的吗？

顾客（态度和缓下来）：呃……好吧……其他基本上都是小事。我投诉以后，他们确实把那旧玩意儿换了个好点的。可现在我给我太太车上买的那个又不行了。我发了邮件去问问怎么回事，他们压根就没回。

你：好的，我们尽快给您解决问题。我看，这多半是有个软件出了小毛病，我们已经把这个问题搞定了。我们可以提供一个补丁，您可以去网上下载。万一这个方法不行，我把我的直线电话号码给您，这样咱们可以另想办法。但是在这之前，您和我们打交道的过程中，还有没有其他您愿意跟我说说的？

顾客：哦。就是对你们公司的客户服务不太满意。嗯，这回不算。或许以后会好起来吧。对了，很抱歉刚才冲你发脾气，我知道之前那些事儿不是你的错。

你：没关系的。我能理解您的心情。现在咱们来瞧瞧您的新机器有什么问题……

重读一遍上面的对话，你会发现一个有趣的细节。起初，顾客的子弹是直射到你心窝里去的：你们的产品是破玩意儿，你们的服务烂透了，你们是大骗子，你们真差劲。可几分钟之后，事情出现了微妙的变化。从某句话开始，让顾客生气的人变成了“他们”或“你们公司”。为什么？因为顾客现在觉得，你们俩是同一战壕的，他不想伤害你。一旦这种变化出现，你就可以不必再防御了，你可以开始跟对方一起想办法解决问题。

“嗯……”可以这么快地把敌人变成同盟军，所以它在生活中也一样超级有效，特别是对那种火气特大，一点就着的人来说。但是要注意一点：比起对待气愤的陌生人来，你对待生气的伴侣或孩子的时候，更容易“真情流露”。因此，在你开口说话之前，要先调整好自己的状态。先作完了第2章法则1中所讲的从“噢，完蛋了”到“对，就这么办”的情绪调整，确认自己的情绪在控制之下，然后试试下面的做法——

你的伴侣：我不敢相信。我是说，我真是不敢相信。本来都说好了，咱们终于可以趁周末的时候出去的，可你现在又改主意了。你总是这样。

你：嗯……

你的伴侣：嗯？你什么意思？

你：我的意思是，我知道这趟旅行对你来说多么重要，而且我真的很抱歉，项目延期，我抽不出时间来。

你的伴侣：你总是这么说。工作上永远有这种生死关头的事儿。我真烦这个。

你：那……

你的伴侣：那我希望你换个压力没这么大的工作。我希望你明明知道做不到的时候，就别订计划。或者……我不知道。我希望别老干这种破事儿。我知道你也不是故意的，我也知道这工作弄得你没办法。我猜，你也不会开心吧。对不起，可我现在真的很生气。抱歉对你发火了。

再说一遍：你会发现，你的目标不是要解决眼前的问题（尽管这种情况有时会出现）。相反，你的目标是避免彼此间滔滔不绝地相互指责，不再争论，运气好的话，以平等的交流作为结束。如果是这样，你们双方就能够像同盟军一样一起解决问题，而不是相互攻击，相互伤害。

还有很多词语能够迅速地阻止谈话情形变糟，“嗯……”只是其中之一。其他的还有：“这样啊……”，“那么……”，“再多跟我说说”，“然后呢”，“还有能告诉我的吗”。在这些方法当中，“嗯……”是我最喜欢的开场，因为它出其不意，而出其不意是个阻止情绪崩溃的好法子。把一个人从敌对变为些微的困惑，你就已经朝正确的方向迈出了一步。

然而，你用哪个词并不重要。关键在于你是怎么用的：不要争论，不要自辩，不要找理由，而是说：“你很重要。你的问题很重要。我在听。”把这些讯息传达出去，你的问题已经解决了一半，无论它是什么。

**→ 想想看**

不要为自己辩护；沟通得更深入些。

**→ 做做看**

还不太确信这个“嗯……”的方法？没关系。这一次，我换种方式，由我来主动采取行动。想象一下咱们两个的对话，可能是这个样子——

你：这听上去就是一堆心理学垃圾。为什么你不教我点能用的东西！

我：嗯……

你：别对我使这破花招！

我：你听上去有点生气，或者说，是挫折感？

你：更多是挫折感。我必须要跟某些人沟通，可我一直碰壁，压力越来越大。

我：是吗……

你：是啊，要是我不去接触那些潜在客户，我就拿不到单子，完不成销售任务。

我：多跟我讲讲。

你：现在经济情势这么糟，我们公司里每个人都有压力，得拿到更多单子才行，否则我们就会被炒了。

我：所以你害怕这种事会轮到你头上。

你：是啊，我越来越紧张了，这让我对每个人每件事都不耐烦，包括读这本书。

我：你有多害怕？

你（有点哽咽）：真的很害怕。

我（停一会儿，让你释放一下压力）：所以，尽管你以前也害怕过，但你调整过来了，可你担心要是这回你被炒了，就调整不过来了。

你：算是吧，但我每次都能调整过来。实际上我在想，要是我干得好，就能保住这份工作；可要是我干得不好，我就再去找个差不多的工作，没准去个生意没这么艰难的公司。我的意思是，我是个优秀的销售员。

我：所以，不是你的问题，而是你公司的问题。销售顾客不需要或不想要的东西是很难的，但是如果你销售的是人们想要的东西，你就能做得不错。

你：可不只是不错啊，我干得很棒！

我：所以？

你：所以我没什么可损失的。如果我使出浑身解数，结果却不如意，那就不是我的问题，是公司的问题，而我可以另找工作嘛。

我：嗯。

你（大笑）：你又来了。

我：没准这招对你有用啊。

你（放松下来）：没准我需要把这一节再看一遍。

# 秘诀 7　先自我揭短

**作用**：弱化自己的弱点，把对方的状态从"考虑你的话"变为"愿意照做"。

隐瞒起一个缺点，世界就会往最坏的地方想。

——马库斯·瓦勒里乌斯·马提亚利斯

古罗马诗人

如果你熟悉法庭流程的话，你就会知道，律师们会做一件他们称之为"预先约定"（stipulation）的事。意思是，他们就某些事情预先达成了一致意见。

例如，如果一方律师预先约定说，某某人的指纹出现在杀死他岳母的枪上，那么每个人都认可这个事实。对方律师用不着再请专家确认此事。那么某某人的律师就可以往下进行了：证明那次射击是有正当理由的。

为什么预先约定是个聪明的做法？这是因为，当人们已经知道了（或者马上就会发现）你坦白讲出来的那个问题，你就可以把它放到一边去了。更好的是，你往往能够把这个问题变成有力的资产。

我们常常会花费大量的精力来掩饰弱点，哪怕每个人都能清清楚楚地看见它们。结果我们把别人弄得很不自在，因为他们被迫去主动忽视那个问题，而且要花很大精力闭口不去提它。当我们让对方不自在的时候，他们的镜像神经元就无法创造情绪联结，因为他们在主动地避免联结出现。他们心里不是在说："跟他聊聊。"他们在说："当心。别相信这家伙。如果他在隐瞒这件事儿，那很可能也在隐瞒别的事儿。"

解决办法是什么？如果有一个又大又醒目的问题横亘在你和对方之间，

就事先主动说出来。

最近我收到一个年轻人的留言，他在《洛杉矶时报》上读到我的专栏。他写道："我26岁了，有口吃的毛病。最糟糕的是，我永远不知道它什么时候发作。这让我压力很大，自然也就让口吃更加严重。"

他工作能力很强，可他找不到工作。他知道，这是因为口吃（还有人们装作没听见的善意反应）让面试官非常不舒服。尽管有美国残障人士法案，可面试官总能找出办法来否决面试对象。而这正是这位年轻人的遭遇。

我建议他试试我的病人乔所用的方法，这方法对乔很管用。乔的问题跟这个年轻人的一样：一次次地参加面试，却由于口吃问题始终找不到工作。

我告诉乔，不要尽力去避免口吃（这一向没用），免得给自己太大压力。相反，他应该在每次面试的开头这样说："我有口吃的毛病。最糟糕的是我不知道什么时候会出现口吃。我口吃的时候，人们会吃一惊，替我感到难过，不知所措，变得心烦意乱。如果咱们谈话的时候我口吃了，最好的做法就是跟我一起忍受一会儿，幸运的话，它会自然消失。如果没有，咱们只需要尽最大努力就行了。如果这对您造成不便，我提前道歉。"

由于他把口吃的事情说在了前头，乔排除了对方的惊讶，自己也觉得更加冷静了。更好的是，他很镇定，并且预料到了自己可能会给对方造成不便，还提出了解决尴尬场面的有用建议，由于这些，他赢得了对方的欣赏和尊重。

几年后，乔的口吃现象几乎完全不见了，他告诉我："我仍然告诉别人，我以前口吃蛮严重的，也告诉他们如果问题出现的话该怎么办。因为这是快速赢得对方尊重和支持的最有效的方法。"

这个方法也能帮你冲淡其他类型的问题。身为商界中的精神科医生，我总要面对一场场硬仗，这些商界人士一听说我是干什么的，就面面相觑，我能感受得到他们中不少人的狐疑神情。

为了应对这个问题，我把乔的话改成了自己的版本。我会在开头这样说："我是个精神科医生，没有MBA学位，没有受过正规的商业训练。我知道，有不少人怀疑或贬低我的职业。但在我的职业生涯中，我学会了一些事情。我曾经帮助长大成人的子女作出决定给救治无望的父母打吗啡；我曾让多年来分房睡的夫妇再度拥有性生活；我让快要气炸的两口子肯听对方说话；我帮过那些与客户断绝关系却不会让自己遭受损失的律师；我曾经阻止一个人以愚蠢而悲惨的方式自杀，而他曾是一个被吹上天去的对冲基金的创始合伙人……所以，我懂得一些跟人交流的办法。我也想象得出，跟人交流是你们每天都要做的功课。”

为了让人肯听我说话，这一番话可不算短。但它的确管用。两分钟内，我把人们的敌意（说得好听点，是怀疑）变成了好奇，让他们心想：“嗨，这家伙八成真有东西可说。”

这办法对你也会有用，但除非你用得对。三个关键点是：摆出问题（简洁快速地描述问题）、弱化问题（向对方解释，如何解决这个问题，或者为什么它不成问题）、避开问题（进入下一个话题，切勿在这个问题上纠缠，或是描述过多细节）。以下就是例子——

面试官：现在说说你的教育背景和工作经验吧。

软件设计师：哦，我猜我是候选人里唯一没有学位的。这是因为我好像是天生干这行的。我 9 岁的时候写出了第一个软件，而且我父母都是程序员，所以我觉得我生下来就是个“极客”。我 16 岁的时候得到了第一份工作，是因为我们家一个邻居发现我会设计数据库，当场雇用了我。他现在退休了，但是我请他当我的推荐人，而且他的店铺至今仍然在用我写的程序。

面试官：哇噢。

你：我还有个推荐人名单，他们都很愿意和您谈谈我的工作经历……

预先说明某个潜在问题或缺点的时候，要自信又大方地说出来。你越是自然，对方也越自然，你们两个也会更容易把重点放在你要说的话上。

把问题说在前头，这需要勇气，但回报是巨大的。使用这个方法的时候，你会把缺点变成资产，并且让人们把你当个真实的人看待，而不是把你看成是个麻烦。更好的是，你会惊异地发现，那个一向拖你后腿的问题，变成了助你前进的动力。

## 东山再起

几年前，我给一群律师、保险经纪人和理财顾问作了一次励志演讲。我以为讲得相当成功，可后来却惊讶地发现听众们完全不感兴趣。事实上，他们觉得我讲得烂透了。

更糟的是，得知这个消息的两天后，我就要给一群更加苛刻的会计师们作同样的演讲。我有点慌乱，但很快调整好了情绪，开始分析问题。我发现演讲并没有毛病，毛病出在会议的日程安排。那天整个上午讲的都是一些实用的细节问题，听众心里已经作好了准备，认为我的演讲也应该是那样。可我让他们作了一个过大的心理转换。

因此，第二次演讲开头，我是这么说的："这次演讲之前，发生了一件有趣的事情。几天前，我听说，一群比你们更好说话的听众给我同样的演讲打了个吓人的低分。"（这话引起了一阵惊讶又紧张的窃笑，但也引起了足够的兴趣，引得人们继续听下去。）我继续说："我发现不是演讲的问题，而是日程安排的问题，因此，我想尝试一个做法，这会帮你们从我的演讲中得到有价值的收获，而不是失望而归。"

他们已经听了一个上午的技术问题，为了帮他们把思路转换到心灵提升的话题上来，我请他们在心里想想某些改变一生的时刻。比如说，我请他们想象，现在是 2001 年 9 月 11 日后的那个周末，他们待在教堂里，需要聆听一些安定心神的东西，因为他们知道人生已从此改变。或者，想象他们有个宠爱的、有学习障碍的孩子，大家都说他连高中都念不完，可如今大学毕业了。

我能感觉到他们的想法在发生变化，从"我该掌握哪项新税法"变到了"我这一生中真正重要的是什么"。我向演讲厅里看去，我能看得出来，好几百人开始带着渴望的心情，准备聚精会神地听我后面的话。

几天后，会议的组织方给我发来一封电邮，说我的演讲是目前为止反响最好的。这位女士说，有不少人告诉她，这是他们所听到过的最精彩的演讲。我把弱点袒露给了听众，因此引发了他们的同理心，让他们能够理解并欣赏我要说的东西。而且，在指出自己的错误并进行改进的过程中，我学到的一些至为关键的方法，让我成为一个更好、更自信的演讲者。

**→ 想想看**

坦诚地把人们对你的疑虑说出来，这显示出你的镇定，他们也更容易全神贯注地听你说，并且积极正面地看待你。

**→ 做做看**

如果你知道自己身上有什么让别人感到不舒服的地方，练习以下做法：讲清楚这个问题是什么、对方会怎样反应。在镜子前作练习，直到你可以在他人面前大方自然地说出来。

# 秘诀8　从“交易”到“交心”

**作用**：为互动关系引入人情味，把对方的状态从“考虑”变为“愿意做”。

他们不抬头看天。

——在曼哈顿行走的非洲土著人如是说

我女儿正准备参加华尔街一家金融公司的面试，面试官是一位资深经理。女儿问我：“我该问什么问题才能脱颖而出呢？”

一个半小时后，她在会议当间给我留言，兴奋地说：“爸爸，我问了你教我的问题，他的反应跟你说的一模一样。他抬眼看了会儿天花板，然后说，‘这是个好问题，我还不知道怎么回答，但是我应该想想’。之后，他真的很用心地跟我交流了。”

为了引起面试官的关注，我女儿是这么说的（面试官问她有没有问题要问）：

“我想请您想象一下，一年后，您和您的上司在回顾这一年里招进来的人。说到现在这个职位的时候，他们说，‘这样的人应该再招10个。这么长时间以来，这个是最优秀的’。您能告诉我，那个新人为她自己和您做了些什么，得到这么好的评价吗？”

我知道这个问题会起作用。我也告诉女儿如何观察它有没有起作用：观察面试官的眼睛。那一刻，如果他抬眼向上看去，她就应该知道，他被触动了。而这个谈话从交易变成了交心。

## 谈判 vs 交心

这年头，人们不交心，人们作交易。情侣和夫妇就一切事情谈判，从晚餐到度假，到夫妻生活。父母跟孩子谈判，准备上学，做作业。管理人员不是在强迫别人做事，就是在谈判。每个人都在问“你会为我做些什么”，然后是“我需要作出什么回报”。

如果你的目的是交换信息，或是谈合同，交易是没问题的。可它有个致命的缺点：不会让人打开心扉。交易式的沟通就像在自动提款机上取钱，钱从你银行账户上取出来，来到你手里，每件事都十足公平，可是你取完钱之后，不会想说一句：“上帝啊，谢谢你！”

在人际关系中，交易式的沟通不会产生吸引力，因为它没有人情味，而且很肤浅。这种沟通不一定会把对方轰走，比如我女儿可以问面试官“这份工作的健康福利如何”，这种问题不会惹恼对方，可也不会拉近彼此的距离。就像在自动提款机上取钱一样，这种沟通极少能够改变人生，而且谈话的中心都是“我、我、我”，不是“你”或“公司”。

想要创造出改变人生的沟通时刻，你需要把交易变为交心。这该怎么做呢？问一些能够引出这些答案的问题：“我的想法是……”、“我的为人是……”、“我想要取得的成就是……”或者“你应该如何如何做，把我的人生变得更美好”。

例如，多年前，我发现我遇到的绝大多数 CEO 和管理者都很聪明，而且睿智，可他们往往没有机会跟人分享他们的智慧。他们把精力都花在打理生意上，极少有机会深入地、有创意地思考，运用他们出色的思维能力。挫折感因此滋生，哪怕当事人并没察觉。

当我向这些人问出一些令他们敞开心扉、吐露睿智见解的问题时，我发现了一个特殊的现象：这些行色匆匆、把时间看做最宝贵资源的职业人士，会如饥似渴地想跟我多待一会儿。大约有三分之一的时间，他们告诉助理让所有的电话都先等会儿，然后跟我核对时间排期，把我从位于楼层一角的办公室一路送到公司大门口，为的是跟我多待上一会儿，或是这么对我说：“真该死，马克，咱们见面的时候，只要时间用完了就请提醒我，咱们好安排更多时间，或是一起吃个晚饭。”

我能得到这样的回应，原因很简单：我满足了第 1 章奥秘 2 中讲到的镜像神经元接受匮乏。这些人辛勤工作，拿出最好的表现，他们希望外部世界认可他们的聪明、价值和创意。可他们得到的不是对想法和才能的欣赏，而是这些东西：“董事会不会满意这些数字的”，或是“成本分析报告在哪里”，或者“你们部门的月度报告交晚了”。这让他们觉得，自己就像齿轮上的齿一样微不足道。

他们是活生生的人，不是机械的齿轮，他们让我发自内心地感兴趣，并且我让他们知道这一点，通常只需要一个问题。一般来说，他们都会主动地考虑我说的话，甚至会立即接纳我的观点。

例如，不久前我认识了比尔，一家软件公司的资深副总裁。我们聊了一会儿见面的目的，表面上是为了解决他公司里的人的问题。比尔显然是个聪明又有趣的人，他完全处于交易式的沟通状态：你什么时候有时间？你需要多长时间？费用是多少？

就这些话题谈了半小时后，我对比尔说：“为了帮助我更好地了解我能不能帮你、该怎么帮你，请告诉我你们公司，尤其是你这个部门的重要目标是什么，以及你们公司为何会选择这个目标。”

比尔停顿了一会儿，眼睛瞟上天花板想了一刻，然后回答我：“这是个非常好的问题。我需要再想想。”

那一刻，我能感觉得出来，我们的关系上升到了更高的层次。可以说，比尔“看到了天空”。他从那个讨价还价、制订策略、公平交易的小世界中迈了出来，开始考虑大局：他的公司，他个人的未来。我让他这样做，于是创造出了我们之间的联结，当他的眼光再度和我相遇的时候，我们的谈话不再是谈判，而是意见的交换。

构思交心式的问题很简单——问问自己，“哪个问题能让对方知道，我对他或她的想法、爱好、未来的成功、人生故事感兴趣”，然后把这个问题问出来。以下是几个例子——

- 关于公司的方向，如果你能够改变一件事，那会是什么呢？

◆ 如果我做了一件事，能够帮助你更快地实现目标，它会是什么？

◆ 你最想取得的成就是什么？

为了看明白为什么这样的问题比交易式的问题更有威力，咱们来看看两个场景。说的都是第一天上班的诺艾米，还有她的上司。

上司：嗨，诺艾米，情况如何？

诺艾米：很好，谢谢。谢谢你的助理来帮我的忙。第一天总是有点搞不大清楚，但是我摸到门道啦。

上司：太好了。如果你有任何问题，跟我的助理说就行。

诺艾米：好的，谢谢。你知道订书机放在哪儿吗？

上司：哦，就在文具柜子里。今晚你能把约翰逊那个单子的文档给我吗？

这场对话里没有任何不对劲的地方，可现在诺艾米给上司留下的印象是零。如果他记得什么的话，就是那个订书机。

现在，想象一下，对话是这样的——

上司：嗨，诺艾米，情况如何？

诺艾米：很好，谢谢。谢谢你的助理来帮我的忙。噢，你走之前有没有时间？我想问你两个小问题。

上司：嗯，当然。什么问题？

诺艾米：只是想确认一下我走的方向是对的：哪三件事你希望我一直做下去？哪三件事你希望我永远不要做？

上司：呃，哇噢。（抬眼往上看看。）有趣的问题。我得好好想想再回答你。但我第一个想到的是，永远不要掩盖问题，把问题直接告诉我，免得我措手不及。还有（大笑），我太太打进电话的时候永远要接进来，哪怕我在接别的电话。否则我回家的时候就会挨批。哦，你见过利奥了吧，他会跟你一起做布拉德利的单子，我知道你们80后喜欢把60后的看成老人家，可他是这个团队里最优秀的，所以你要用心听他怎么说。

在第二个场景中，诺艾米问上司的问题很简单，比“你这辈子想做什么事”或是“你希望公司朝什么方向发展”简单得多。可它们达到的目的都一样：把谈话移出了交易模式（我的订书机在哪儿？/你能把文件给我吗？），带入了更高的层次（什么事情对你很重要？我怎么能帮上忙？）

听到诺艾米的问题，上司会停下来想一想，当他再度跟诺艾米对视的时候，他会以全新的眼光看待她。从那一刻起，她是个同事了，而不是某个需要订书机的人。

## 拿这招来做销售，怎么样

我经常在外头给医药公司的销售和市场团队作演讲，比如礼来（Eli Lilly）、阿斯利康（Astra Zenica）、百时美施贵宝（Bristol Myers Squibb）。但是我也很愿意帮助那些到我的诊所里来拜访的医药代表们。（我还保留了一点临床业务，只是为了拿到免费的样品。开个玩笑嘛……轻松一下。）

我告诉他们怎么做能够打动我，他们用这方法成功地打动了其他的医师。首先，我解释道，如今绝大多数医生都要工作得更加勤奋，才能赚到跟十年前的收入一样的钱，而多数情况下往往只能眼睁睁地看着那些受训年数更少的人挣到更多的钱，得到更多财务保障。

我还告诉他们，大多数医生觉得自己照顾了每一个人，家人、年迈的父母、诊所员工，可很多人觉得（但没有仔细想过）没人照顾他们。（巨大的镜像神经元接受匮乏！）事实上，很多医生会说，最好的照顾他们的方法，就是别再给他们肩头添责任了。

还有，出于职业天性，医生们的沟通几乎都是交易式的，“说说你的症状，让我检查检查，作个化验，我会给你出诊断书和治疗计划……下一位？”

因此我告诉这些医药代表，要是想跟医生进行一次印象深刻的谈话，应该在销售演示的末尾，对医生这样说：“不好意思，某某医生，您有几分钟时间让我问个别的问题吗？”

大多数医生会不耐烦，会以为这个销售员打算占便宜，听些免费的健康建议，但出于礼貌他们会说：“说吧。”

我告诉医药代表，应该这样说：“很多医生都说，现在执业没以前有意思了，而且他们要工作得更辛苦、时间更长，才能维持以前的收入水平。你们工作得这么辛苦，我只想知道，在您看来，做医生还有意思吗？”

回来给我反馈的医药代表们告诉我，绝大多数医生完全没想到会有这么一问，而且乖乖“缴械”了。他们抬头仔细想了想，然后回答道：“你知道，当医生更不容易了，我不确定会不会让我的孩子也干这一行。但这仍然很有意思。几乎每一天，我都会改变某个病人的人生，当我看到我减轻了别人的病痛，我仍然觉得很欣慰。”

有时，有的医生甚至会说一句“谢谢你”。几乎每次，这些销售代表都能给医生们留下深刻印象。如果这些销售员的药品跟竞争对手的一样好，医生们一般都愿意给他们机会，试用一下。

所以，如果你是个医药公司的销售代表，这个公式你应该记住：关心=更多的处方笺。你只是额外多投入了一点时间而已，这个投资回报率可不错哟。

## 什么样的问题会让你仰头深思

**“仰头深思”法的一个伟大之处在于，你可以用它来跟最难沟通的人交流——你自己。**你有没有停下来思考过，你和内心的对话中有多少是交易式的？如果你跟绝大多数人差不多，你的内心独白多半是这样的：如果我吃掉这个甜甜圈，我就得在健身房多待上一会儿。老天啊，我迟到了，萨莉肯定气死了。太糟了，她上回也迟到了，所以我迟到也没关系吧。该死，我还没把报税的事儿弄完。今天我得熬夜了。我应该多陪陪孩子们……

下回你再发现自己像个踏轮子的小仓鼠，陷入了交易式的内心对话而无法停歇的时候，尝试一个不同的做法。停下手里的事情，坐下来。深呼吸，对自己说一句：“明年这个时候，我希望自己在做什么？”或者“现在，我的生活里需要增加些什么，或者减少些什么”；或者“如果让孩子们看到 20

年后的我，哪些地方会让他们为我感到骄傲”。

向自己提出正确的问题，你会发现自己抬眼向上看去。这是一个清晰的标志：你的心灵正在敞开，考虑新的可能性。回答这些自问的问题（“我希望到那时候我能多花点时间陪伴家人”、“我需要在毫无意义的会议上少花时间”、“我希望孩子们因为这个替我感到骄傲：我敢于抓住机会，而不是一味贪图安稳”），你和你生命中最重要的那个人——镜子里的人之间的关系会更加深入而紧密。

**→ 想想看**

让对方仰头深思你提出的问题，当他们再度看向你的时候，你们的谈话跟以前再也不一样了……它会变得更好。

**→ 做做看**

下次你再陷入与伴侣或家人的交易式谈话时，好比说，争论该谁去洗衣房，谁倒垃圾之类的话题，你停下来，微笑，然后说：“你觉得咱们应该在接下来的 5 年里，干点什么有趣的事，或重要的事呢？”然后等着看吧，看看你们的话题转变得会有多快，从“谁该洗碗”，转变到一个全新的、更美好的人生计划。

# 秘诀 9 “肩并肩”的交流

**作用：**降低对方的防范心理，把对方的状态从“抗拒”变为“肯听”。

传教不是开会。

——特雷莎嬷嬷（Mother Teresa）

加尔各答博济会创始人

## 案例直击

### 肩并肩沟通法

周末，威尔和15岁的儿子埃文开车去体育用品商店。埃文想在学校组建一支射箭队，威尔带他去买一些新箭。

和平常的十几岁孩子一样，埃文不爱说话，一边听着 iPod 里的音乐，一边用脚打着拍子。开车买东西的路上，威尔随意地聊着家里和工作的事儿。他为不久后全家的度假出了几个主意，自言自语地说起回家后要烤牛排吃，然后提起了一个总是给别人惹乱子的同事。

威尔说，那家伙真是烦人透顶，每个人都知道他办事一定会搞砸。然后他随意地说道：“哎，你觉得你的朋友里头，谁最有可能以后惹上大乱子？”

“什么？”埃文惊讶地说。要回答问题他并不惊讶，可刚才那问题听上去比平常那种好一点儿。平常他听到的问题都是“西班牙语的考试成绩提高没有？”“咱们得谈谈你那橙色头发的问题。”

“是啊，”威尔继续说，“我只是想知道，你朋友中间有谁特别喜欢冒险，很容易惹上大麻烦的？更重要的是，为什么你觉得会是他呢？”

埃文没料到爸爸会征询自己的意见，他想了想，然后答话了，以极其罕见的合作姿态。“我觉得是杰科，因为他要是一来劲，没人能挡得住。而且他已经搞砸过好几回了。”

“是吗？”威尔回应道。他忍住了，没提出不请自来的忠告，而是让谈话继续下去。

“是啊，有几回他惹了事儿，给家长关禁闭了。我觉得他和他爸妈关系好不了。”埃文继续说。

“哦，要我说，看看你的预言会不会变成现实，这应该挺有意思的。顺便说一句，要是他惹了麻烦，你会怎么做呢？”威尔加了一句。

“天啊，我哪知道，”埃文说，他想了一分钟，“我觉得，既然我是他朋友，我会尽力帮他解决问题，大概也会阻止他别再这么干了。”

“他有你这个朋友，真幸运。”威尔总结道。

“嗯，我想我在班里还算不错吧。”埃文说。

那……上面这段什么意思？

威尔用来让儿子敞开心怀跟他交流的方法，我把它叫做“肩并肩”沟通法。这个方法基于以下三个事实——

- **让人们坐下来听你教训很少能管用。**因为这会让他们产生防卫心态。一旦他们开始为自己辩护，就不会把想法对你和盘托出。跟他们肩并肩地同做一件事，你就会降低他们的防备，让他们坦陈想法。正是因为这个，人质谈判专家会尽力让劫持者答应一起做件事，比如把食品或药品送进楼里。也正因为这个，比起跟酩酊大醉的政客同床共枕的间谍，老人们在合力建谷仓或“大家缝”聚会（早些时候，美国妇女很少外出工作，无聊时带上要缝的被子聚在一起边缝边闲谈，故而得名。现在仍有这种聚会，只是参加者以年长者居多。——译者注）上打听出来的消息要机密得多。

- **提问比说教有用**。所以威尔没有教训埃文：“别让朋友把你扯进麻烦里去。”相反，他向埃文提出了问题，让埃文去想，“谁可能会惹上麻烦，到时我该怎么办？”换句话说，威尔没有摆出架子教训埃文，也没有说教，而是“肩并肩”地——既指情感上的，也指身体上的——和儿子谈话。
- **当你不去打断，而是让一个倾诉引出另一个倾诉的时候，你知道的会更多**。因此，威尔没有使用“诱饵掉包法”，引诱儿子跟自己进行一场以说教结尾的对话（“那你最好别跟杰科一起玩，否则他会让你也惹上麻烦的”），而是使用了一个谈话深化工具（“是吗”），并且提出第二个问题，让埃文跟自己分享更多想法。

肩并肩沟通法的这些要素——在共同做事的时候提问，然后用更多问题来使对话深入——它们的威力是如此强大，以至于构成了苏格拉底提问法的核心。苏格拉底从来不会告诉别人该如何如何，他只是一边跟别人散步，一边提问，直到人们自行找到答案。在这个过程中，他帮助建立起了西方文明。

然而，这个方法不仅仅适合父母或哲学家，它也是走动式管理（managing by walking around）的基础，这个管理技巧已经被人们使用了几十年。这个出色的工具能达到两个目的：发现自己管辖的区域里真正发生了什么事情，并且和同事们建立起亲密的情谊。

**肩并肩沟通法使用起来很简单：跟对方一起做一件事（最好是你能帮上忙的，但就算一起吃午饭也不错），然后用预先设计的问题，探询对方在做什么、想什么、有什么感受**。请看下面的例子——

格拉曼（注意到下属维多利亚正在为客户会议准备资料）：哇，文件可真不少。分给我一点，我现在没什么事，给你帮帮忙吧。

维多利亚：谢谢你。

格拉曼（帮忙做了几分钟之后）：哎，你觉得这些准备送给客户的材料做得怎么样？

维多利亚：我还真没仔细想过。既然你说起，我觉得他们要看的东西可真不少啊。

格拉曼：你觉得这些东西实用吗？

维多利亚：嗯，我觉得客户给咱们打电话的时候，很想知道新系统是不是很容易掌握，培训快不快。我不知道他们愿不愿看这么多关于新技术的复杂信息。他们只是想知道上手起来能有多快。

格拉曼：你从客户那儿还搜集到什么信息？

维多利亚：客户觉得咱们的文档有时候不太容易看懂，或许咱们可以简化一点儿……

肩并肩沟通法很容易使用，但要注意三个问题。最重要的一点是：你让对方放下防备之后，可不要辜负他们的信任。不要使用这个方法套取负面消息，否则人们会觉得你是在刺探什么，或是给他们下套，而不是想从他们那里学到东西。大方接受负面消息，但是不要有意刺探。

此外，不要跟对方争论。如果他或她说出来的话你并不同意，忍住冲动，不要解释你为什么是正确的。相反，再问一个问题，把对话深入下去。请看例子——

苏（米格尔的经理）：嗨，新一期的公司内部通讯好像快做完了嘛。哇噢，看起来真棒，干得好。需要我帮忙打样吗？

米格尔：当然。很高兴你喜欢。但我不是特别满意，因为我觉得公司新大楼的消息不应该是主要内容。

苏：你不喜欢哪一点呢？

米格尔：很乏味啊。除了老板没人在意这些东西。是他坚持要放这些的。

苏：下一期里你想看到什么呢？

米格尔：一些员工们关心的东西，而不仅仅是老板想看的。

苏：你觉得大家关心什么内容？

米格尔：想看到更多关于休假制度修改的内容。今天已经有三个人问我这个事情了。有些人觉得这个新制度对老员工来说不公平，他们想知道公司为什么要做这些改动。

请注意，当米格尔批评老板的意见时，苏并没有说“咳，他是老板啊，所以他说了算”。这种话是彻头彻尾的对话杀手。她也没有争辩（“嗨，也有很多人想知道新大楼是什么样子”），这会拉远两人的距离。相反，她让他继续深入，在这个过程中，她发现了一个影响士气的问题。

这就引出了第三个要注意的问题：当你向别人提问时，要尊重对方的意见。如果他们提出了个好主意，你就照着做（并且让他们知道你做了）。就算他们说得不沾边，你也应该用这样的话来感谢他们的建议：“这值得好好想想，”或是“我从来没从这个角度想过”。如果情况允许，你可以说，“这主意聪明”，或是“真高兴你在这个团队里，我就是需要能提出这种创新想法的人”。

如果你是经理或 CEO，定期使用这个肩并肩沟通法，你会得到很多好结果。你可以把谣言遏制在萌芽状态。原本陌生的员工会跟你熟稔起来。你自己的工作也会完成得更快更好更容易，因为你对身边的人们有了更为深入的了解。

## 你会怎么说……

我在加州大学洛杉矶分校当精神科住院医师的第二年，有天我问肿瘤科的护士：

“核磁共振显示富兰克林夫人的乳癌又复发了，她知道后有什么反应？”

“哭了好长时间。她的家人和主治大夫正在尽力劝她，告诉她这病还能治。”护士回答。

我继续说：“以你的经验来看，这种情况下什么方法最好？”

富兰克林夫人的护士长简插话了：“我们越是允许别人有情绪，允许他们悲伤或生气，情绪消失得就越快。有些年轻的肿瘤科医生看到病人流露情绪会感到不舒服，他们的忧虑反而会碍事。”

我没有犯新医生的通病：力图显得自己什么都懂。我问道：“简，你显然对这种事情非常有经验。你会对这些医生说些什么，帮助他们、也帮助病人更容易接受坏消息呢？”

“嗯，”简在思索，“我会告诉医生们，我知道他们关心病人，但如果他们允许病人在听到坏消息之后有强烈的第一反应，事情就会更顺利些。对病人这么说比较好：‘你心很烦，我理解。现在你有问题要问吗？没有的话，我会给你一点时间调整一下，我几个小时后回来，到时候咱们再多讨论讨论。’”

“这个办法好，”我感激地说，“简，你真的精通业务，真的关心病人和医生。我明天再过来，到时候你给我讲讲情况。”

这个肩并肩的沟通方式不仅解决了一个需要我处理的问题，而且我用不着写枯燥的正式咨询报告，我们这些住院医生最讨厌写这种东西了。

因为使用了“走动式咨询”，在我6个月的任期内，在所有分配过来作咨询服务的精神科住院医生中，我作的咨询差不多是最多的，而写的正式咨询报告却最少。更重要的是，我来就是帮助癌症患者的，少写报告，这让我有更多时间与他们面对面。

*→ 想想看*

无法面对面交流的时候，试试肩并肩。

*→ 做做看*

如果你是个管理人员，使用这个肩并肩沟通法，观察你最高效的员工周边发生了什么事，看看你是否能找出方法，让他更愿意为你工作。然后把这个方法用在你最没效率的员工身上，看看你是否能找出任何线索来，发现他为什么表现不佳。

# 秘诀 10　填空法

**作用：**让对方感觉到你的理解，让对方“愿意去做”。

在沟通和影响他人的方法中，“好好听”跟“好好说”的威力同样强大。

——约翰·马歇尔（John Marshall）

1801—1835 年美国最高法院首席大法官

案例直击

## 拉力无穷的填空法

凯特的合伙人跟她撕破了脸，结果公司里的明星演员流失了不少。她想请我来制止这种状况，可她不能确定是不是该信任我，而且她还没有作好准备，要对一个陌生人暴露公司的弱点。

寒暄过后，凯特双臂交叉，等着我问出每一个咨询顾问都会问的问题：“你想达到什么样的结果？”“你的时间规划如何？”“你愿意花多少钱？”

可我没问这些。相反，我说道：“你在考虑聘请一个像我这样的人，因为你想 ______。”同时，我做了个邀请的手势，鼓励她回答。然后我静静地坐在那里等着她开口。

凯特停了一会儿，放下了交叉的双臂，身体前倾，说道：“因为我想把这儿变成一个值得回来工作的好地方。我还希望人们为我工作是因为他们想为我工作，而不是不得不这么做。”

> 此时，我知道我能帮得了凯特……我也颇为肯定她愿意接受。这是因为我创造出了牵引力把凯特“拉向”了我，而不是把我自己推向她。

你和潜在顾客或潜在客户首次碰面的时候，你们是势均力敌的。一旦你开始向对方销售什么东西，或是试图说服对方，权力就转移到了客户那边。关键在于，要让客户从一开始就追着你不放。

这样做的秘诀是：邀请对方参与到谈话中来，而不是问一些让他们产生防卫心态的问题。填空法的原理正是这个。

你直截了当地问问题，是为了告诉对方你真心感兴趣。然而，对方可能会觉得你这是在挑战他，就像个小学童被老师或教练当场提问一样。在适合的时机提出敏锐的问题，的确能有力地改变人际关系（请参见第 2 章法则 4 和第 3 章秘诀 8）。但是，对新客户抛出交易式的问题，比如，“您想买点什么？”或是“我给您讲讲我们的产品为什么更好，怎么样”，对方会立即产生抵触情绪。

**而填空法的效果正相反：它把对方拉向你。**它使你听上去不像个严格的老师或教练，而是像个值得信任的叔叔阿姨、爷爷奶奶，说着“来吧，来说说这麻烦事儿，看看怎么解决”。

你可以拿自己作个试验，看你能否感受到两种方法的差异之处。首先，想象我正坐在你对面，对你说：“那么，你想从这本书里学到什么？”有点被冒犯的感觉，是不是？现在，想象我正语带鼓励地对你说：“你读这本书，是因为你想学会如何 ___________。而现在学会这些东西对你很重要，是因为 ___________。如果你能学会这些，并且现在就应用起来，你得到的好处是 ________。”如果你跟大多数人一样，你会愿意、甚至是有点渴望打开话匣子，跟我分享你的感受。

填空法还会避免“错位”现象发生。如果你猜错了对方的需求或动机，比如说，你以为琼斯先生需要的是“简易又便宜”，而人家真正需要的是“快捷而高效”，你就失去了一个客户、一次销售机会。让客户来填空吧，你就会得到正确答案。

在销售中，填空法尤其有效，客户没料到你会出这么一招，因为他们本以为会碰到强势的推销。可你使出了完全不同的招数，把他们吓了一跳，此时他们的防备往往会快速瓦解。这个方法的确能让人们放松戒备，因为你在说话的同时，辅以邀请的手势，这会让人们放下交叉的双臂，敞开心扉。请看下面的例子——

达娜：您好，谢谢您抽时间见我。

桑迪雅：不客气。可我很忙，我也不确定目前是否会对你的软件感兴趣。所以咱们快点谈好吗？

达娜：好的，谢谢您在百忙中见我。我刚到的时候，您的助理对我提起，您正在赶一项重要工作。

桑迪雅：确实重要啊，简直事关生死。但我可以拿出 15 分钟跟你谈。

达娜：我很感激，我保证咱们按时结束。首先，我想了解一点儿信息：您在考虑购买我们的软件，或是类似产品，是因为（做出邀请的手势）______________。

桑迪雅：嗯……因为我们现在用的这个不灵了。它崩溃得太频繁了，我们都快疯了，而且它运行速度特别慢。事实上，我们现在这么紧张地赶工，一个原因就是因为它。

达娜：您想换成我们或别家的软件，是为了______________。

桑迪雅：能干更多活儿！我们需要用更少的时间做完更多工作，要是每周系统都崩溃个一两次，那肯定做不到。这可不行啊。

行啦！这拉力产生得够快的吧。事实上，桑迪雅帮达娜做了很大一部分销售工作，她把公司急需新软件的理由统统说了出来。如果达娜的产品真的更好用，那她拿下单子的概率就很大，而关于她自己和她的产品，她还一个字都没说哩。

顺便说一句，在开场白中，达娜还有两个聪明的做法值得效仿。第一句是“您在考虑购买……”，这话比别的说法更加积极正面，比如，“您想寻找到……”（听上去像是个很费劲的差事）或者“您需要……”（暗示对方处于屈从地位）。“考虑购买”，这种话让对方觉得自己处于掌控地位，而且有选择余地。

达娜还说了一句“我们或别家的软件”，而没有说“我们的软件”。（身为咨询顾问，我的说法是“我或同行”。）让对方知道，他可以选择别人或别的产品，这会让潜在客户感到没那么紧张局促。

但是，**填空法的真正力量在于一个简单的事实：你没有告诉别人他们想要什么，你甚至没有问他们想要什么。相反，你让他们主动说了出来。**这会立即让人们这样想：“对，对，正是因为这个我才见你。”所以，你用不着挤进门去，客户会为你打开门，并且请你进来。

## “永不”法

填空法还有个很不一样的用法：用它来跟你自己对话。

和任何人一样（也包括我），你有时会做出蠢到家的事情。这没什么大不了的，除非你一遍遍地干同样的蠢事。

如果你发现自己陷入了这种循环，可以用填空法的另一种形式来解决问题，我称之为“永不”法。这个绝妙的方法能降低你的自我防卫心态，开启你的内心对话，免除大量后患。

想知道为什么？你想想看，当你承认自己行事冲动，或是做了蠢事，危及了自己的事业或伤害了你关爱的人的时候，此时你有什么典型反应。最有可能的是，你会对自己说：“你个蠢货！简直弱智！真不敢相信你这么傻。死蠢、死蠢、死蠢。你还能再傻点不？”或者，你会对自己说：“嗨，这又不是我的错。我又没办法，都怪客户太变态 / 都怪老板不支持我，真是个白痴 / 都怪老婆害我发脾气，她太爱挑刺了。”

这些行为对你都没好处（尽管当你意识到搞砸了的时候，在那可怕的头几秒钟，这些都是再正常不过的反应。）如果你不迅速离开这个自动反应阶段，你就等于在说服自己：(1) 你是个白痴，以后会不断地搞砸事情；(2) 你身边的人都是白痴，他们害你搞砸了事情，而你对此无能为力。这样的话，你无异于自掘失败的陷阱。

下回你犯错的时候，你可以采取些不一样的行动，而不是为下一次失败挖坑铺路。拿出张卡片来，写下这些句子，然后填空——

- 如果我可以重来一次，我会采取的不同做法是：

  ______________________________

- 我会采取不同做法，是因为：

  ______________________________

- 下次，我采取新做法的决心是_____。(1=“决不”；5=“或许”；10=“肯定”。)
- 可以监督我这样做的人是：

  ______________________________

这是种强有力的工具，因为你没有深陷在自责中，也没有把责任都推给别人，这两个陷阱会阻碍你，让你无法诚恳地面对事实、分析原因。相反，你吸取了经验，这促使你采取积极的行动。

做这个练习的时候，你要挑出一名能让你坦诚处事的良师益友，填在最后一个空上。选一个你信任并尊敬的人，而且你也希望赢得他（或她）的尊敬。这是个非常好的方法，当你重复犯大错的时候，它会让你停下来想一想。

### → 想想看

直截了当的问题会让人觉得你是在说教。请他们填空，他们会觉得你在跟他们交谈。

### → 做做看

许多管理人员（特别是女性）都有个大问题，面对请求，他们很难说“不”，就算自己的工作量已经满了，也没法拒绝别人。这是因为他们都是有责任心的问题解决者，天生想要帮助别人。遇到这种情况，使用“永不”法，为自己填空，是相当有用的。

问题在于，太过频繁地说“是”，往往会让人精疲力竭。如果你样样都照顾不周，没人会开心的。该说“不好意思，我实在做不了”的时候，你却总是说“行”，那就试试这个“永不”法吧。选择监督者的时候，就选择厌倦了争取你注意力的伴侣或孩子。

# 秘诀11　朝着“不行”一路挺进

作用：创造出一个原本不存在的“同意”，迅速引导对方走过说服过程的每一个阶段，让对方从“抗拒”变为“愿意去做”。

人生就是一连串的销售场面，如果你不问，答案就是“不”。

——帕特里夏·弗里普（Patricia Fripp）

案例直击

## 在“不行”中反其道而行

40年来，沃尔特·邓恩（Walter Dunn）一直是可口可乐公司的顶尖人物。他为公司签下了许多大客户，包括迪士尼，还有很多职业运动组织。

沃尔特曾给我讲过，多年前他是如何让可口可乐打入一家大型连锁影院的。和影院代表谈了一会儿之后，他得到的答复是：“对不起，沃尔特，我们的回答是‘不行’。我们已经决定跟百事可乐合作了。”

沃尔特一秒也没浪费，迅速地接上去：“如果我问出哪些问题，或是解决了哪些需求，你就会给我不一样的回答呢？”

影院的人说：“我们要翻修大堂，百事愿意负担一大笔费用。”

“我们也可以。”沃尔特说。

“好啊，那这单子归你了。”影院代表说。

如果你问管理人员或销售员："你犯过的最大错误是什么？"他们往往会说："要求得太多。"

可他们错了。因为在现实中，你犯的最大错误是要求得太少。如果你要求得太少，上司问你为什么没做出更高业绩的时候，你就有得解释啦。

**更好的方法是：不断地提要求，直到对方说"不行"为止。这样你就知道，你就快要得到最理想的结果了。更重要的是，这是你展现镇定、实现成交的最佳机会之一。**

绝大多数人害怕这么做，因为他们觉得"不"真的就等于"不"。在约会中多半是这样，但出乎意料的是，商业世界中却并不如此。然而，要从"不"走到"是"，你得走对方向才行。以下就是正确的做法。

比如说，你想让一位客户（咱们叫他奈德吧）购买某种产品、聘请你当顾问，或是请你的公司做个项目。但是在你讲完之后，奈德说了不。

奈德说完之后，他会有点紧张，有点防卫心态，因为他认为你会沮丧、生气、心烦，或是准备对他强行推销，让接下来的 15 分钟有如地狱般难熬。如果你干了上述任何一样，你就没可能赢过奈德了。相反，你应该深吸一口气，然后诚挚地说："要么是我催得太紧，要么是有些东西对你很重要，我却没说出来，是不是？"

你的自省和谦卑让奈德吃了一惊，缓过神来之后，他会点头同意，甚至还会说一句（带着尴尬的微笑）："是啊。"此刻，优势转向了你。为什么？因为奈德在心理上已经同意了你。换言之，尽管他还没觉察到，但他已经开始说"是"了。

一旦你得到了这个同意（"是的，我也认为你搞砸啦！"），就该用上第 3 章中秘诀 10 讲到的填空法了："我没有说到的那一点是 ____________，我扯得太远的是 ________。"

如果奈德跟其他大多数人一样，他会坦诚地回答这些问题。在详细说明想法的时候，他会做两件事：他会把对你的不满说出来；他会告诉你，他想从你这里得到什么。这两点都会帮你从"不"走到"是"。

以下是个很好的例证。一家公关公司的客户经理卢克想拿下一个大单子：他想说动客户公司的 CEO 乔尔放弃长期合作的公关公司，转而签约自己的公司来做一场重要活动。

乔尔：抱歉。我们对现在用的这家挺满意的，而且你们公司跟我们也不太对口。但谢谢你过来。

卢克：我也感谢您抽时间见我。我能再多问一句吗?

乔尔（有一点点防卫心态）：好吧，可我真的不想再争论我的决定了。

卢克：不不，不说这个。我只是想问问，您能不能告诉我，我没有问到的问题是什么，或者我没能提到，但会让您感觉很不一样的问题是__________。

乔尔：嗯……实际上，我觉得另一家比较合适，是因为他们有一个员工在我们这个行业工作过一段时间，而你们好像没有这样的人。

卢克：哦，我是应该提到这一点的。我们经常会聘请在客户领域内有丰富经验的顾问。去年我们给钱德勒公司服务的时候就是这样做的，因为他们希望我们一上手就能干活儿。那是个很大的项目，所以我们聘请了两位在农业领域有40年经验的顾问。

乔尔：是吗?

卢克：没错。钱德勒公司对那个项目极为满意，把今年的利润飙升全部归功于我们。这只是我们使用专家顾问的案例之一。只有取得非凡的胜利，超过客户的预期，我们公司才会满意，因为我们的声誉靠的就是这个。我们知道自己的专长在哪儿，当我们需要其他领域的专家时，就会向外寻找优秀人才。因此，我们为客户提供的服务总是最棒的。说到您这个情况，我们有一支特别出色的招聘团队，能够快速找到拥有行业经验的完美人才，帮您达成最好的结果。由于我们公司的声誉很好，所以每个领域里最优秀的人才我们都能找到。

乔尔（开始从“不”转向“是”）：这样做费用会不会大幅提升呢?

卢克：就算我们请来的专家顾问比您现在用的公关公司的人更有经验，我们的费用仍然没那么贵，因为我们会在公司内部节省成本。既然我们只选用一流人才，也就避免了耗费不必要的时间，也避免了日后的花费，因为我们用不着去弥补有瑕疵的公关活动。

乔尔：嗯……

这个方法的伟大之处在于，在整个销售过程中，客户始终感到控制权掌握在自己手里——确实也是如此。你没有发牢骚，没有采取威逼手段，或是其他企图凌驾在对方之上的花招；相反，你让对方自由地说出了你需要的信息，用来达成有力的销售。

是的，这是有一点冒风险，如果你刚当上客户经理，或是个初级的销售员，或许你不该尝试这个方法。如果你满足于做保守的、低水平的单子，你也不应该使用它。但是，如果你有自信，愿意尝试迈出一步，就试试看。因为如果你不这么做的话，你永远不会知道自己在拿大订单方面有多棒。问问沃尔特·邓恩吧。

**→ 想想看**

在别人说“不”之前，你要求的都不够多。

**→ 做做看**

如果你在销售或管理岗位上工作，想想最近的一次销售或成交的情形。现在，拿出一张纸，回答这个问题：“要是我不害怕听到‘不’字，在哪些事情上我本可以要求更多（或许已经得到了）？”

# 秘诀 12　重量级的感谢和道歉

作用：用重量级的感谢让对方从“真的去做”进阶到“很高兴自己这样做”，或是用重量级的道歉让对方从“拒绝”进阶到“肯听你说话”。

智慧的十分之九是感激。

——戴尔·道顿（Dale Dauten）

报纸专栏作家

我从儿女身上学到的东西，比我从精神科的专业训练中学到的还要多，尤其是在触及别人心灵的方面。

例如，我从女儿劳伦那儿学到，一个简单的举动就可以在别人心中漾起一阵暖意，而且数年不会散去。她 23 岁那年，给我发过一封电子邮件，邮件里是这样写的：

> 嗨，爸爸，昨天晚上，我像往常一样，跟朋友们在曼哈顿散步，聊着对未来的困惑。跟以前很多次一样，我说，“我爸爸说……”，也跟以前一样，这话让我们的聊天变得好起来了。我不知道朋友们里有几个能说出相同的话来。我太幸运了，有这么个智慧的老爸，就算他住在 3 000 英里以外也无妨。几周后见。爱你，劳伦。

给我 100 万美元，我也不会卖掉这张便笺。不管一天过得多么糟糕，或是别人多么烦人，对我多么粗鲁，不管我得到的正面反馈多么少，我知道自己是重要的，因为我钱包里的那张纸条是这么说的。

## 普通版的“谢谢你”与重量级的“谢谢你”

我的孩子们很乖，为她们做了事情之后，她们会热情地感谢我。但劳伦的便条格外突出，因为它不是个普通版的谢谢你，而是个重量级的。

显然，别人帮了你之后，说一句“谢谢你”完全没错。事实上，你往往应该这样做。但是如果你在此止步，这种沟通不过是交易式的而已（你帮了我的忙，所以我要对你说句客气话）。它不会触动对方的心扉，不会加深你们之间的关系。

因此，如果有人给你帮了大忙，你打心眼儿里感激他，你在表达感情的时候，就需要超越普通版的感谢，使用重量级的。当你这样做的时候，你的话将在对方心中激起强烈的感激、尊重和亲切感。

以下是我最喜欢的重量级感谢的版本，包括三个部分。影视制作人兼快进机构（Flash Forward Institute）的创始人之一海迪·沃尔（Heidi Wall）启发了我。

- 第一部分：感谢某人为你做了某件事情。（也可能是此人拒绝做某件会伤害你的事情。）
- 第二部分：明确指出对方为了帮助你而花了力气，比如，“我知道，你本来用不着做______”；或者“我知道你想尽方法去______”。
- 第三部分：告诉对方，他或她的帮助对你很重要。

以下是重量级感谢的运用例子——

唐娜（经理，在对下属说话）：拉里，有时间吗？

拉里：当然，什么事？

唐娜：没事。我只是想谢谢你。我紧急动手术没上班的这段时间，你把本内特公司的单子做得这么好。

拉里：嘿，这又不麻烦。我很高兴能帮上忙。

唐娜：肯定给你造成麻烦了呀。我知道你本来一直想带孩子们去看足球半决赛的，听同事们说，你整个周末都待在办公室，仔细研究单子的细节。没多少人能这么自愿地改动自己的时间安排吧，而且我也怀疑，有多少人能像你这样，把客户会议开得这么漂亮。

拉里：噢，谢谢。我是有点担心的，但很高兴咱们把它拿下了。

唐娜：别谦虚哦，是你把它拿下啦。你给咱俩都争了光，而且为整个部门挣了个高分。我很感激你，团队里其他成员也是。

唐娜本可以说声“谢谢”了事，而绝大多数经理就是这么干的。但是，如果她只是这样做了，拉里会有一点上当受骗的感觉（尽管他是个大好人）。为什么？如果一个人做了一件特别大的好事儿，或是给了你极大的帮助，而你只是说了句“谢谢”，你就造成了一条巨大的镜像神经元鸿沟（详情请见第2章），因为在情绪方面，你回馈的没有得到的多。说句“谢谢”比什么都不说强，但是还不够。

唐娜的重量级感谢让拉里感受到了充分的回馈。她不只是表达了感激之情，她还明确指出了拉里的善良、聪明、承诺，愿意牺牲自己的时间来帮助别人。因此，她加强了和拉里之间的情感纽带，让他在危难时刻更有动力出手相助。

请注意，**重量级的感谢不只是让对方脸上有光。在参与此事的每个人看来，你也做得很漂亮，因为你显示出了同感和谦卑的情怀，而且你关心别人。**这也证明了你是值得信任的，在需要的时候你会把功劳归功于他人。在商业社会中，这会帮你赢得重要的支持力量，因为人们太容易被不忠伤害了。

为了让这个方法更有效，可能的话，在一群人面前使用这个重量级的感谢。听众越多，它的效果越强。

## 重量级的道歉

劳伦让我明白了重量级感谢的重要性，而另一个女儿艾米莉则让我知道，伤害了别人之后，你不能简单地“收买”了事。

这事源于我太太的一通电话，她说：“你有大麻烦喽！”原因是，我没能去参加 7 岁艾米莉的舞蹈课。“她一直在找你，可你不在，”我太太说，“我觉得你得跟她谈谈。我可不想替你出马。”

我立即想到了“贿赂 / 分散注意力”的消气法，去商店给艾米莉买了个可爱的娃娃，娃娃的胳膊和腿像烟斗通条似的，可以扭出各种造型。到家后，太太冲我指指艾米莉的房间。我去艾米莉床上坐下，说：“我答应你要去看你上舞蹈课，可我没去成，是不是？”

艾米莉没能忍住眼泪，她撇着嘴巴，竭力望向天花板。我继续说：“我做了错事，我很抱歉，而且我要告诉你，以后我再也不会说话不算数了。我想让你相信，爸爸说的话是可以信赖的。所以，以后我不会对你作太多承诺，我会说‘我尽量做到’，并且希望能带给你更多惊喜。”

我拥抱女儿，把娃娃递给她，她也回抱了我。可第二天，我发现娃娃被扔到了她房间的垃圾桶里。我伤心吗？有点。可我还是得强作欢颜呀。我的小女儿在用自己的方式告诉我，“我很重要，爸爸，你最好明白这一点。你可不能这么便宜地收买我，而且你最好说话算话。”

我的确认真地遵守了承诺，艾米莉也彻底地、及时地原谅了我。但这花了一段时间，我也花了很多工夫赢回她的信任。

我猜，有时候你也会犯错，而且可能比没去观摩舞蹈课更严重。或许你背叛了同事的信任，没能完成某件重要任务，或是对伴侣或孩子说了无法收回的恶劣言辞。

如果是这样，你要明白一点：单说一句“对不起”能遮掩伤口，却不会治愈创伤。这是因为，你的错误不仅仅是错误而已。它也表明对方不重要（造成巨大的镜像神经元接受匮乏），而你有责任证明事实不是这样。所以，不要仅仅道歉了事，如果情况需要，就使用重量级的道歉吧。

重级量的道歉包括 4 个部分，我称之为“4R”法则——

- 懊悔：告诉对方，你知道自己造成了伤害，你真的很抱歉。例如：“我没能把你在申请新电脑时需要的文档给你，害得你在老板面前丢脸。这是我的错，弄得老板没批准申请，大家还得继续用一年旧电脑。”

- 这么说的时候，要允许对方发泄怒气，就算对方勃然大怒，也别为自己辩护。如果你鼓励正处在气头上的人把气愤发泄出来，疗愈进程就会加快。
- 弥补：想办法弥补过错，起码弥补一部分。例如："我知道大家拿不到新电脑都气坏了，而且都在怪罪你。我这就去给大家一个个解释，告诉他们这都是我不好。我没法挽回局面，但至少我可以不让你背黑锅。"
- 改正：用实际行动表明，你已经吸取了教训。如果你犯错是因为没有做对工作，或是没仔细考虑好就信口开河，那就尽一切努力避免下次再犯同样的错误。
- 请求原谅：这一条不要马上就做，因为事实胜于雄辩。想要赢得真正的原谅，你需要一直坚持正确的行为，直到它们变成你的一部分。那个时候——而不是在这之前，找到那个被你伤害的人，问："你能原谅我吗？"

绝大多数人都能宽容大度地接受重量级的道歉，因为他们会尊敬你的谦卑，还有你为赢得信任而付出的努力。就算对你失望透顶的人："我以后再也不要跟你共事了！"通常也会愿意原谅你（就算他们并没有百分百原谅）。对于那些因充满怨怼的离婚而导致的伤痛，这个方法格外有用。

如果你已经尽了一切努力去弥补，而对方仍不肯原谅你，不要以为你罪不可恕。相反，你要明白，你很可能遇上了一个不肯原谅的人。如果碰上这种情况，别把自己逼疯。放手就是了，不要在心里记恨对方，加重自己的情绪负担。

从另一方面说，如果你的重量级道歉起作用了，你可要好好利用这第二次机会。你要知道，这个方法只能用一次。如果你一而再、再而三地辜负对方的信任，事情就没法弥补了。但是，坚守你的承诺，你终究会重新赢回信任，很可能还会更加稳固。

### → 想想看

你越是经常并诚心诚意地说“谢谢你”，你需要给员工发的钱就越少；你越是经常并诚心诚意地说“对不起”，员工返身去工作得就越快。

### → 做做看

回想几个人：(1) 上个月里帮助你最多的人；(2) 上一年里帮助你最多的人；(3) 这一辈子里帮助你最多的人。送给每人一个重量级的感谢，当面说或写信、写电邮都可以。

现在，回想一个被你伤害过、辜负过、你却从没修补好关系的人，送给他（她）一个重量级的道歉。

重量级的感谢和道歉从来都不会晚，如果你是发自内心的话。

# 第 4 章

# 快速应对 7 种棘手问题

你现在学到的这些技巧，就好比武术中的招数，单独使用已经很有力了，但组合使用的话威力会更强大。在后面的章节中，我将给你看一些综合运用的例证（也会再教你几个新招数），解决一些常见却棘手的问题——有一个还蛮吓人的。

# 运用 1 如何搞定糟糕的团队

优秀的管理能让平凡的人做出非凡的事业。

——约翰·D. 洛克菲勒（John D. Rockefeller）

实业家、慈善家

**情境：** 好消息是，老板首次任命我来主管一个重大项目。但坏消息是，我要带领的这支团队，该怎么说才算礼貌呢？——是一群废物。有个叫乔纳斯的家伙很聪明，我应该能指望得上他。可耽误事的是德科，他还有两年就退休了，能少干活就少干活。首席分析师是琳达，她有一半儿工夫都耗在饮水机旁边抱怨别人。还有雪莉，团队里的第四个人，她比我资历深，八成想得到我的职位，很可能有抵触情绪。我这个新经理没有经验，完全不知道该从何做起，救命啊！

首先你要明白，你，还有如今的许多管理者，面对的是喜欢单打独斗的人。这些人十分自我，只考虑自己，越来越不喜欢跟人合作。如果你工作的领域中并购和解雇频发，侵蚀掉了所有的合作和忠诚，就更是如此了。

只要你的团队成员还处于这种单打独斗的状态，你的工作基本上就是不可能的。这是因为，这些人不肯分享信息，导致重大错误的出现，还浪费时间。他们不愿意分享专长，这让每个人的工作都更难开展。情况变糟的时候，他们甚至会相互攻讦，或者公然搞破坏。

因此，你要做的第一件事，就是打破隔阂。为了做到这一点，你需要着眼于一切他们都有的共同点：头上的天空（共同愿景）和脚下的土地（共同价值观）。

第一步，召集团队开个会。这次会议的目的是增强团队成员对你这个项目的激情、热忱和自豪感。因此，我们可以把第 2 章法则 7 中所讲的"PEP 挑战"法稍作改动。你可以这样开头：

> 大家都是出色的专业人才，在自己的领域里都得心应手。能跟大家在一个团队做事，我很幸运。
>
> 不幸的是，和如今大多数专业人才一样，我们都喜欢单打独斗，眼睛只盯着自己要做的事情。好处是，我们可以在自己的领域内做得不错，可坏处是，这让大家更难合作。
>
> 为了胜出，我们需要密切地配合，就像 NBA、世界系列赛冠军、超级杯或奥运会的冠军队那样。
>
> 超级明星能够精诚合作、打败对手的原因是，他们降低了自己队伍里的个人竞争。
>
> 现在，公司和我需要大家像冠军球队一样紧密配合。所以，我们要着眼于大家都有的共同点，当然，不是彼此之间的高墙。
>
> 我们都有两个共同点：头上的天空，是大家都相信的共同愿景，大家的激情所系；脚下的土地，是大家都尊重的、赖以生存的共同价值观。每一支取胜团队都有"拿下冠军"的共同愿景，和"顺利执行"的共同价值观。
>
> 所以，现在我们来看看，我们的共同愿景和共同价值观是什么……

在接下来的讨论中，把焦点放在 PEP 挑战的关键因素上。让大家讨论，哪种愿景能让他们充满激情，在实现愿景的过程中，手边的这个项目在其中扮演怎样的角色；当团队高效运转的时候，是什么让他们感到热忱；公司有哪些地方让他们自豪（或是没有自豪感）。为了对工作有更多的激情、热忱和自豪感，他们认为公司应该作出哪些改革，把这些评论意见列出来。这个过程中，你会感觉到，团队成员的麻木或敌意渐渐地演变成了兴奋和能量。

当然，这只是第一步。因为，一旦兴冲冲的队伍离开了会议室，他们依然是乔纳斯、德科、琳达和雪莉，他们与你的关系以及彼此之间的关系也依然有问题。如果你对这些问题视而不见，你那激动人心的话语终将飘散，每个人会再次回到原来的状态。

为了防止这种局面发生，你需要想办法和每个团队成员沟通，让对方心想："我关心这个项目，我希望尽全力去做。"以下是一些建议——

### 建议 1：让乔纳斯一直开开心心的

乔纳斯属于自我激励型的人，所以没必要严加管束。相反，放手让他去做，在重要时机，把重量级的感谢送给他，确认他的价值。例如，趁大人物参加你们的碰头会的时候，你说："好消息！进度上我们已经领先了。上个月事情还很棘手，但是乔纳斯加班工作，想出了好几个妙点子，解决了采购的问题。要谢谢他啊，让我们超过了预期目标。"

此外，请记住，对待乔纳斯这样的有才华又有动力的人，你该做的最好的事就是替他扫除障碍，这其中也包括"有毒"的人。所以看在老天的份上，千万别让他和琳达搭档干活。

### 建议 2：让德科觉得自己有用

如果德科跟大多数即将退休的员工一样，那么他还有大量的余热可以发挥，你只需要打着火花，点上火就行了。

为了达到这个效果，你应该让他知道自己是有价值的，因为许多年长的员工都会感到自己的价值被人低估，或是受到冷落，如果上司是个年轻经理的话就更是如此了。因此，你可以这么说："在这个软件上，你的经验最丰富，让年轻同事请你当导师可不可以？"

此外，你可以问几个交心式的问题，让德科知道你觉得他是个有趣又聪明的人。例如：“从你的经验来看，你觉得咱们部门要为公司增值的话，最应该做的是什么事情？”

如果德科仍然一直表现不佳，请他出去吃个午饭，使用填空法（“我猜，你有时候觉得工作很没劲，是因为＿＿＿＿＿＿。”）很可能你会发现一个你俩可以共同解决的问题。

### 建议 3：让琳达觉得自己重要

还记得我前面写过的吗，如何让讨厌的家伙觉得自己有价值？对琳达就该使用这一招。在琳达的日常工作之外，给她分配一项非常重要的任务。然而，你要确保这项工作不会干扰到其他成员。事实上，如果可以的话，你给琳达的这份任务应该对整个团队都有好处，这样她就会工作得更加投入。

例如，你可以这样说：“琳达，咱们的任务很紧张，我要确保每个人都能拿到必需的资源，好工作得快一点。你一向井井有条，所以我想请你肩负起这个职责。每周五，请你用电邮跟每个组员迅速确认一下，看看是否有人需要什么设备或支持，然后在 15：00 时跟我开个 10 分钟的碰头会。这件事非常重要，所以请大家务必在每周五下午的时候把需求清单发给琳达。”

当琳达来找你汇报的时候（比如，“乔纳斯说他需要有人来测试一下电路板”），你就这样说：“好的，我马上解决，谢谢你。我知道你每周都要从自己的工作里抽出时间来跟每个人做确认，所以，如果你愿意的话，我会请给你分配任务的人给你把时间放宽松一点。我们真的需要你，让大家一直保持在正确的轨道上。”这会再次鼓励她重视整个团队的成功。

如果琳达没有改变，依然挑刺抱怨，试试“你真的这么想吗？”用这个问题让她停止抱怨。（“我听说，你说组员们都是大傻瓜，我们永远也不会达到目标。你真的这么想吗？”）或者使用同理心催生法，比如你这样问她：“当你批评德科动作慢的时候，你觉得德科会怎么想？”

**建议 4：挑明雪莉的心思。**

老板把领导任务交给你而不是雪莉，他八成有充分的理由。所以，你用不着忐忑不安。然而，既然你们两个都知道她比你资历高，多半渴望得到这个职位，那你需要把话说在前头，让局势明朗起来。

例如："雪莉，对你在这个项目上付出的心血，我格外感激。我知道我是个新手，经验没你丰富，要是别人，很可能会不高兴我当经理，但你一直很支持。从你身上我学到了很多东西，我觉得这些会让我成为更好的管理者。"（这是"有话说在前头"加上"重量级感谢"，额外加分！）

当你挑明了雪莉的想法："为什么这个新人占了我的位子？"再用宽容大度和谦卑消解了它，雪莉会更愿意放下不满，加入你的团队。

哦，最后说一句：别再因为你是新人、没有经验而焦虑了，你要知道，你得到这个职位是因为你很优秀。**如果你表现出自信，你就能激发自信；表现出焦虑，每个人都能感觉出焦虑。**正如外交官兼总统候选人阿德莱·史蒂文森（Adlai Stevenson）所说："要是你觉得自己坐在马背上很滑稽，那你很难率领骑兵队。"因此，首先你要认定自己是公司有史以来最好的经理人，然后证明这一点。

*→ 想想看*

尽你所能组建一支最棒的团队，然后成为他们（还有你自己）想要的领导者。

*→ 做做看*

如果你现在正领导着一支商业团队，把成员的名字列在纸上。把两类"简仓人”挑出来：第一类人住的是粮仓，这种人每天静静地、孤僻地把 8 小时的工作装进仓里；第二类人住的是弹药库，猫在墙背后，时刻准备着射击任何一个前来冒犯的人。一个个地和他们沟通，看看当你带着同理心和谦卑心，诚挚地想去了解他们的时候，有多少人愿意降低筒仓的高墙。

# 运用 2　如何顺利升迁

领先的秘诀就是迈开步子朝前走。

——阿加莎·克里斯蒂（Agatha Christie）

推理小说家

情境：我在一家跨国公司做中层经理。我觉得在这家公司会有前景，可我不知道怎么让别人注意我。我就要被调到另一个部门去了，有什么办法能给新老板留下深刻印象吗？

第一天上班，你就提出第 3 章秘诀 8 中说到的问题：“哪三件事你希望我一直做下去？哪三件事你希望我永远不要做？”顷刻间，你就会鹤立鸡群。

接下来，你要明白，你的成功建立在下属的业绩上。而唯有你和他们成功地沟通，才会得到这个结果。既然你和他们都不熟，在你到任的头几个月可以使用“肩并肩”沟通法（请见第 3 章秘诀 9）。这个方法能让你以最快的速度了解下属们在做些什么、做得如何、潜在问题在何处。发现问题后，使用第三部分中讲到的技巧来处理。

你老板想知道的一点是：“这个人能扛得住管理岗位的压力吗？”如果你能够不失冷静地处理危机，你就有领导者的风范了。所以，请认真练习第 3 章中讲到的“从‘噢，完蛋了’到‘对，就这么办’”。在每个人都惊恐不安的时候你却能保持镇定，你就会赢得上层的尊重和信任。

年度评估的时候，你要让人清楚地知道，你不单单是为了自己成功而努力，你也为公司和老板的成功而努力。例如，老板问你有没有问题要问的时候，你这样说："我想请您设想个场面，下次您找我作评估的时候，您说，'你的业绩、态度都超过了我们的预期，你甚至提出了一些创新的方法，大大帮助了公司和我'。要让这个场景成真，我该怎么做呢？"

有机会的时候，问一些交心的、能够加深你和老板感情的问题。例如，"公司的变革是科技进步的结果，您对这个问题怎么看？"或者"您觉得我们的重要目标和重大障碍是什么？"这种问题会让老板明白，你并没有把他或她看做一个只是薪水比你高的人。

同时，你要寻找机会，让老板感到你理解他。管理者的级别越高，身上的压力就越大，感受到的理解也越少。这是因为经理人和下属之间的对话跟同级别的同事间不一样（同事之间很容易这么说"你看起来很累啊"，或是"你还好吧？"），上下级的谈话一般来说仅限于工作范围（在组织金字塔顶端的人会很孤独）。不要跟你的老板显出一副特别熟稔的样子，可是偶尔你要抓住机会说一句："两天开了 6 个会，您是怎么做到的？"如果对方流露出疲惫或悲伤，说一句"今天怎么了？"这一点点同情心会在对方心里激起强烈的感激之情。

如果你真的特别想出人头地，还有一个小贴士：把眼光越过你的顶头上司，往外瞧。有没有其他人（公司内外都可以）能够帮你青云直上？如果有，请记住我的建议：去接近他们。我说的可不是贬义的那一面，而是褒义的那一面。这些人都是聪明人，能够指引你，给你打开机会的大门，而且这样的人很多喜欢当导师。

在你职业生涯的早期，在你最有激情的领域里，找出最有权力、最受尊敬、最成功、而且最不容易袒露情绪的人。（在第 4 章运用 7 中，你会学到跟这些大人物结交的好方法。）这样对他们说，跟他们建立起关系："我想学习你懂得的一切。最好的方法是什么？"他们让你做什么你就做什么，学习他们懂得的一切东西，学习如何赢得他们的信任，成为他们不可或缺的人。因为老话说得对：朝中有人好做官。

*→ 想想看*

细致地想象你正做着理想工作，然后积极地制订计划，把它实现。

*→ 做做看*

列出公司内你最尊敬的十个人。使用你学到的方法（以及第 4 章运用 7 里的内容），看看你能否想出办法去接近其中的一个，请他或她当你的导师。

# 运用3 如何对付自恋狂

顾客有时是错的。

——赫伯·凯勒（Herb Kelleher）

西南航空前任董事长兼 CEO

**情境：**我在一家产品设计公司工作。有个客户找我们设计一系列个人护理产品的外包装，可这个项目成了噩梦。这一周，客户要先设计洗发水瓶子。下一周他说“我希望沐浴油的瓶子马上设计出来”，所以我们放下洗发水瓶子，开始做沐浴油。可再下一周，他又说“最紧急的是皂液瓶子”。可他仍然要我们马上完成洗发水和沐浴油的设计！我们一个也没法完成，因为客户的要求每周都变。而我们老板一点用也没有，她只会重复那句老话：“顾客永远是对的。”我的看法是：这个顾客是错的，而且我们正在吃掉所有的利润，因为工作效率太低，占用时间太多。这事有办法解决吗？

你这位客户是个典型的自恋狂。他害得你的生活一团糟，缩减你的利润，害得你在老板面前没法交差，可他全然不在乎。他想要他要的东西，而且现在就要，现在、现在、现在。

在商业社会中自恋狂颇为常见（有不少创业公司胸怀愿景的领导者和 CEO 都是这种人），你也会遇见一些有自恋行为的普通人，因为他们认为这是在企业界里领先的好办法。所以，作好准备对付真正的自恋狂和伪自恋狂吧。（不确定面前的这位是否是自恋狂？请看第 2 章法则 9 中的快速测试。）

依你现在的处境来看，显然你老板拿不出解决方案。事实上，她不关注你的需求，从这点来看，她自己八成就是个自恋狂（或者太软弱，没法对付客户）。所以这事就看你的了。正如我在第 2 章法则 9 中讲的，你没法改变自恋狂，但有时候你能够对付住这种人。如果你负责跟客户沟通，请看下面的做法。

下回跟客户见面的时候，等他用那典型的句式“现在每个人都停下，听我说”，提出新要求。静等他说完，然后你用非常冷静又积极的语气跟他说：“不好意思，咱们往下进行之前，你肯定知道，要是我们听你的，放下手里的活儿，我们肯定完不成这个任务。而这个任务在上周对你来说是至关重要的。所以，我想澄清的是，现在你希望我们做哪个任务，是上周你认为最重要的那个，还是这周你认为最重要的？”

这种方法会让你的自恋狂客户暂停下来，因为这不再是你们俩之间的对决，而是之前那个他和现在这个他的对决。当他没办法创造一个他赢你输的形势的时候，他就得想出个切实可行的需求了。

但是，你要当心，这种方法只适用于那些难对付的、需求多多的、自恋狂型的客户。绝大多数的问题并不是因为有人不可理喻，或是自恋透顶，而是因为你和客户之间有误解。出现这种情况的话，最好的方法就是第 3 章秘诀 6 中讲到的“嗯……”，或者“再多跟我说说。”客户会很快平静下来，让“这是什么破玩意儿”的阶段快快过去，允许你找出问题具体出在哪儿。通常，这些问题远没那么严重。你也可以使用填空法，比如，“您不喜欢这个设计，因为您觉得它应该再 ______。”这些方法能够让客户感觉到你的理解，让你们快速找到解决方案。

然而，在你这个例子中，你的老板没法处理这些事情，那么你很可能要应付更多棘手的客户。有个办法能减少跟这类客户的摩擦：把话说在前头。一上来就让他们知道，你能做的事情是现实的、有限的。例如，对于像“洗发水瓶”先生这种苛刻的客户来说，在合作之初你可以这样说：“我想告诉您的是，如果您告诉我们具体的想法，并给我们充分时间去实施，我们就会做到最好。我们公司很灵活，但规模也很小，只有知道您的清晰想法，我们才能做出最漂亮的活儿。”然后请客户把想法和工作的优先顺序写出来，这样你就有凭据了。

更重要的是，看看你能否说动老板理解这个简单的事实：你们越是竭力满足自恋型客户的不合理要求，你们分给优质客户的时间就越少——而这些人会公平对待你们。搞定自恋型客户，你们就能让好客户更开心。这是合理的，因为你真正想留住的客户是那些和善的家伙。

### → 想想看

好客户会提高标准，而坏客户只会拿标准不断砸你的头。

### → 做做看

分析一下你的工作日程表，看看一个月里你把多少额外工夫花在了棘手客户身上。现在仔细想想看，如果你管住了那些麻烦家伙，你能够为优质客户提供多少额外服务。这会给你勇气，帮你搞定那些自恋客户。

最好的方法是，让得体的、懂得欣赏你价值的、不需要太费心的客户越多越好。这么做，会让你特别受不了生活中的自恋狂，而这会给你当断则断的勇气。

# 运用 4 如何拓展人脉

我所认识的那些朋友遍天下的人，那些手握大把的推荐信、对自己深感满意的人，一直都把别人的需求放在自己前头。

——鲍勃·伯格（Bob Burg）

《成功方程式》（*The Success Formula*）作者

**情境：**我开了一家印刷公司，新公司没名气，所以我需要招揽业务。我已经加入了商会，甚至还为其中的几家委员会服务，可这些都没带来多少新客户。有没有拓展人际圈子的更好办法呢？

我猜，你开了一家印刷公司，是因为你擅长印刷经营，而不是发名片或打陌生拜访电话。事实上，你现在的自我推广方式有点有一搭没一搭的，而且失手比得手多。

然而让人惊讶的是，这事没那么复杂。伊凡·米斯尼尔（Ivan Misner）博士是世界上最成功的商业网络组织 BNI 的创始人，他对人际网络问题研究了 20 多年，他说，高效能的社交人士都有意无意地执行了一套做法，他称之为 VCP 流程。具体如下——

- **相识：**米斯尼尔说，这是建立关系的第一步。在这个阶段，你认识了另外一个人，或许是因为公关公司和广告，或许是经由你们都认识的人的介绍。你们两人熟络起来，可对彼此的了解都还很少。

- **可信**：指的是靠得住，值得对方信任。一旦你和新朋友对彼此有了期望，而且这些期望被满足了，你们的关系就进入了可信阶段。如果双方都有信心，认为这段关系会让自己满意，那么你们的关系就会进一步加深。当约定被遵守、承诺被履行、事实被验证、服务被执行的时候，可信度就渐渐加深了。
- **互惠**：当彼此都能得到回报的时候，你们的关系就进入了互惠阶段。双方都能得到满足吗？它能为双方都提供好处，从而延续下去吗？如果不是双方都能得到好处的话，这段关系就不会持久。

下面让我们来看看，如何运用你新学到的技巧，顺利通过米斯尼尔的 VCP 流程。

## 相识阶段

这个阶段，不要只是告诉人们你是谁，告诉他们为什么应该喜欢你，为什么要成为你的朋友或客户。

比如，在商会的会议中，切记最重要的一点：对别人感兴趣，而不是证明自己多有趣。多谈别人的事，少谈自己的。问一些聪明的问题，问问别人是做什么的，是怎么做的，什么样的推广策略对他们有用。永远不要在别人说话时打断人家，相反，问一些能够鼓励他们多说的问题。

接下来，让人们感觉到你的理解。如果他们说出某些问题（“城里的街道改造工程太影响生意了，简直要人命”），表露出你的关心，哪怕这个问题对你一点影响也没有。尽力去理解别人的麻烦事儿，帮助解决，大家会被你的慷慨打动。

你也可以问出交心式的问题，大力推动新形成的人际关系往前发展。这些问题说明你看重他们的智慧。例如，你可以询问另一位企业主：“你觉得这个重建项目 5 年后会对咱们行业产生什么影响？”或者“你认为未来 10 年内这个城市的经济形势会如何？”

最后，用重量级的感谢表达你的善意。如果某位企业主给你出了个好主意，对你的生意或社交网络很有帮助，那你就在会上公开说出来（“艺术节的时候，查兹把桌子借给我们用，替我们省下了 500 美元，多么慷慨啊，我们在预算内做完了活动，而且他带着员工凌晨 5 点就开始摆桌子了。”）你的感激会在对方心中激发起镜像神经元的同理心，让他想要回报你，或是雇用你的公司，或是帮你介绍生意。

## 可信阶段

这个阶段，千万不要在新关系中制造“错位”。你们还处在相互了解的过程中，对方对你的每一点认识都非常重要。因此，坦诚而无误地呈现你自己，不要对别人的需求作出错误的假设，不要作出无法实现的承诺。

同时，让对方觉得自己有价值。尽力去帮助对方，而你得到任何帮助的话，要明确表明感激（时机恰当的时候，运用重量级的感谢）。如果你能做到，就率先介绍生意给对方……如果对方为你介绍了一个客户，就使出浑身解数让这个客户满意。

简言之，别只想着自己，要把重点放在新朋友身上。尽力好好干，别弄砸了，万一弄砸了，就使用重量级的道歉来弥补错误。

## 互惠阶段

进入这一阶段后，要让新朋友一直觉得他自己很有趣，觉得他很重要，觉得你能理解他。然而，注意第 2 章法则 8 中的建议，避开那些有毒的人。一般来说，新朋友会分成三种：爱占便宜的、喜欢给予的、互惠互利的。而你肯定希望在早期就把爱占便宜的家伙摒弃在外。因此，看看新相识的名单，把力气花在喜欢给予的人和互惠互利的人身上，同时把爱占便宜的排除掉。对新朋友要慷慨大方，不患得患失，但要把优先权留给那些懂得回报的人。

最重要的是，你要放松，让你的人际网络渐渐地、自然地拓展开去。人际关系是需要时间的，尤其是那些能达到互利阶段的，所以，不要急躁。（事实上，你越是想竭力加快进程，就越是容易把人家吓走。）你也要清楚，并不是每段关系都能成功，这没关系。有时候你得吻上一堆青蛙，才能找到一个王子啊（或许是一大群王子）。

→ *想想看*

如果一心想着“我能为他们做点什么”，对方迟早会问：“我能为你做点什么。”一心想着“他们能为我做点什么”，对方心里肯定会想，“我该怎么躲开这个人”。

→ *做做看*

如果你害怕与人交际，就问问自己，你能从中得到什么。那个极富吸引力的、值得走出安逸状态去追求的美好前景是什么？或许你希望拥有一家成功的企业，或许你希望得到升迁。或许，你渴望克服内心的恐惧，勇敢走出去，并因此而自豪。让这个愿景清晰地呈现在你眼前，并把它化为承诺和行动。

# 运用 5　如何对付失控的人

危机之中无小事。

——贾瓦哈拉尔·尼赫鲁（Jawaharlal Nehru）

印度独立后第一任总理

**情境：**我在一家压力极大的金融公司工作，每天都有成千上万美元在风险中来来去去。更让人倍感压力的是，公司管理层正把越来越多的职位外包到境外。大家真的都很焦虑，又害怕丢了工作，很多人的弦绷得都快断了。坦白讲，我觉得公司很可能会出现那种员工气急发疯的情况，这该怎么办啊？

有这种问题的不止你一个。如今，我们每一个人：经理人、CEO、医生、老师、律师……都有可能成为濒临崩溃、完全失控的人的靶子。

吓人是吧？的确。（随便找个精神科医生问问好了，因为我们都处理过这种头脑短路的事情。）而且我不会瞒你：对于极度烦躁和暴力的人，并不是每次都能搞定的。最佳方法往往是逃开或躲起来。可是，如果此人不会马上造成威胁，或是你已经没有退路，那么正确的词句能够赋予你力量，控制住场面，甚至还能救人一命。

判断某人是否处在一触即发的状态，就看他是否卡在攻击模式里，此时讲理是没有用的。一个搬起电脑冲老板砸过去的人，或是挥舞着手枪的人听不进去任何道理，因为他无法进行高级的理性思考，比如，“嗨，冷静下来，这很疯狂”。

假如你跳过了第 2 章没有看，我来告诉你：为什么在危急时刻，人的大脑会作出决定，是要高等的、理性的大脑来做主呢，还是要低等的、原始的那个来做主。如果它选择了原始的那一个，那个聪明的脑子就被锁在外头了。

万一你正面对一个发了狂的人，你的任务就是敲碎那个锁。怎么做？跟他对话，让他的状态渐渐从“我想伤害某个人”变到“我气得要死”，再到“我需要找到聪明的办法来解决问题”。这三个阶段分别对应三个层次的大脑：原始的爬虫脑、情绪化的哺乳动物脑以及理性的人类大脑。

为了让一个失控的人找回理智，你需要让他渐渐地、按顺序通过这三个阶段。（把这看成是“飞速进化”好了。）以下就是做法——

## 第一阶段

此时，你的目标是让对方从原始的爬虫脑换上情绪化的哺乳动物脑。请参照以下步骤——

### 步骤 1：“告诉我出了什么事。”

让对方一吐为快，这可以让他从盲目的攻击（最为原始的反应）进入感受情绪（较为高级的反应）的阶段。他的尖叫或咆哮会让你很不舒服，但危险程度比身体上的暴力行为小得多了，所以，让他发泄吧。

### 步骤 2：“我需要确保我准确理解了你的意思，这样我才不会产生误解。如果我理解得没错，你刚才说的是……”

然后把对方说的话准确地复述出来，声音要镇静，不带一丝生气或讽刺，然后说：“我说得对吗？”你这么做的时候，就是在镜像映照他，也就是我在第 2 章中讲到的那个强有力的沟通技巧。你也让他从发泄阶段进入了倾听阶段，这减慢了大脑的运转速度，让对方可以更理智地思考。

### 步骤 3：等待，直到对方说出“是”

简单的一句“是”，可以让此人由敌意转为同意。“是”也表明他有放弃失控行为的意愿。如果此人纠正了你的话，你就把他刚说的那些再重复一遍。

### 步骤 4：现在说“这些事情让你生气 / 窝火 / 失望 / 烦躁，或者是……”

选一个你认为能最恰当描述他的情绪的词。如果他纠正了你，请他说出他的情绪感受，你再重复一遍，再得到一个“是”。切记，当一个人用词语来描述情绪感受的时候，激动情绪就会降低一点。这非常重要。

## 第二阶段

在此阶段，面前的人不再疯子似的到处攻击，但依然在发泄怒火，这好些了，但依然是个麻烦。所以，你的下一个目标是把他的状态从情绪的中等脑（哺乳动物）带入到理性的高等脑（人类）。以下是行动步骤——

### 步骤 1：对此人说，“马上解决这个问题或改善状况是如此重要，原因是______。”

这种填空法需要对方想出个答案来，这就打开了通向理性（人类）大脑的大门。有个重要的小贴士：说这句话的时候，强调“马上”这个词儿，这显示出你明白他的需求有多么迫切。

### 步骤 2：指出道路。

如果此人填上了空，比如，“因为要是事情没转机，我就要气炸了，我要自残，要找个人痛扁一顿”，等等，你接着说：“这样啊……请多跟我说说，我好确信我理解了你的意思。”（不要质疑，不要讽刺，而是要强调你在用心倾听。）

然后你说：“如果是这样，咱们一起来想想办法，别让这糟糕事儿变得更糟啦。我知道咱们能想出办法的，你以前也遇到过这种事儿，而且办到了。事实上，让咱们来想个办法，好让你以后再也不会遇到这种情况。”

这表明你听到了他的话，你非常重视他的问题，你明白他有多难受，而且你承诺要帮他解决目前的危机，还要阻止将来出现类似的情况。这一切会让对方不再感到孤独。我称这种体验为“上帝是我的牧人”。

此刻，这个人会将你视作通往拯救之途的向导，而危机也有望被解决了，但最好是在受过危机处理训练的专业人士的帮助下。离解决问题还有很远，但大家可以开始着手解决了，因为最糟的时刻已经过去。

## 人为什么会突然崩溃

我们从媒体上看到的暴力事件，几乎全都是因为暴怒，说得更准确点，是“无奈的暴怒”。当一个人感到被人拒绝、羞辱，并且对此无能为力的时候，就会出现这种无奈的暴怒。缺乏有效的内心调节方法的话，这个人就会情绪爆发，攻击外部世界。

有些时候，我们都会特别生气，特别无奈，但不同的是，有暴力倾向的人无法处理这种情绪。科学家发现，从化学和结构的角度来看，许多有暴力倾向的人身上“潜伏”着冲动性的愤怒，而且自我控制能力很低。社会学家注意到，这些人中有不少在童年时曾遭到虐待。心理学家和精神病学家则认为，有暴力倾向的人缺乏客体永久性（即 object constancy，这是瑞士儿童心理学家J. 皮亚杰研究儿童心理发展时使用的一个概念，指的是儿童脱离了对物体的感知而仍然相信该物体持续存在的意识。——译者注）的认知。

客体永久性是这样一种能力：即使你对某人感到失望、被此人伤害、生他的气，你也依然能够对他抱有积极正面的情感。有暴力倾向的人对挫折的承受能力特别低，如果有人惹恼了他们，他们会失去与这个人的一切情绪和心理上的牵连。这种联结断掉以后，人们在他们眼中就成了可以毁坏的东西，就像打出一记臭球之后，人会摔掉网球拍一样。

当你面对一个很暴力的人的时候，你要记住这些，这样你就不会犯下一个可能会导致极大危险的错误：希望唤起这个人的同情心（“我知道你不想伤害我”）。相反，集中精力，唤起他对他自己的兴趣。

*→ 想想看*

如果一个人不能或不愿意听你说话，让他听他自己说话。

*→ 做做看*

如果你认识的人中有谁的弦绷得特别紧，随时可能会崩溃，你要作好准备。请你不断地练习这一章中的内容，直到你可以下意识地使用这些方法为止。如果可能的话，请另一个人来扮演情绪失控的角色，帮你练习。这会帮你在心理上作好准备，能够面对愤怒或情绪化的人，如果你没有准备好，这种场面是很危险的，会激起你自己的原始直觉反应。同时，练习第 2 章法则 1 中讲到的“从‘噢，完蛋了’到‘对，就这么办’”的情绪调节法。

# 运用 6　如何与自己对话

别找缺点，去找补救办法。

——亨利·福特（Henry Ford）

发明家

**情境：**每年元旦那天，我都下一系列决心，可我知道自己做不到。我向自己保证，每天都要锻炼身体。我向自己保证，孩子不乖的时候绝不要像个泼妇。还有，我要回学校去念 MBA。看着镜子里走形的身材，我觉得恶心。一想到我没能实现事业上的目标、没能成为心目中的好妈妈，我就觉得内疚。这些没能实现的承诺堆得越来越高，我觉得自己太失败了。可是工作和生活总是在挡道，坚持这些计划和目标实在太难了。你有什么建议吗？

当然有。第一个建议就是，使用同理心催生法对你自己。

为了想通原因，想象一下，你正在对好朋友说："你瞧，我是真心爱你的……可你的身材真的不算完美。瞧瞧你那松松垮垮的胳膊，真恶心！你上回去健身是什么时候的事？坦白说，那天你教训儿子的模样，老天啊，你真是个泼妇，真让人受不了。说起来，你墙上那块空白算怎么回事？本该有张 MBA 学位证书挂在那儿的。每件事你都干不好，真是个彻头彻尾的废物。"

你会对你关爱的某个人说这番话吗？肯定不会。可是，轮到跟自己说话的时候，你要多残忍就有多残忍。看看你自己话里的自我批评吧：你告诉我，你觉得自己很恶心，你是个泼妇，而且你肯定自己会失败。就这样一直对自己说下去，你猜会怎样：你八成真的会失败。

想要成功？那就换个做法。下回安静独处的时候，用这个问题问问自己："是什么在阻拦你实现目标，你为此有多郁闷呢？"（如果这样对自己说话很别扭，就想象是一个关心你的人这样问你好了。）

然后，倾听自己的回答，多半是这样的：

- 我想重返校园，可这就要减少和孩子相处的时间，所以，我作出了看似对家庭有好处的选择，可有时候我觉得这是欺骗自己。
- 我尽力用成熟的态度去对待孩子，可有时候我憋不住火，因为一天忙下来，我实在需要得到点安慰，可我得到的只是自私的态度。我工作这么辛苦，就是为了照顾好他们，可我听到的都是抱怨，真伤心。
- 晚上八点了，碗都还没洗，女儿还需要我帮忙做数学作业，这时候真的很难鼓起劲儿去健身啊。
- 这一切都让我郁闷，是因为无论我做到了多少，我都会为那些没能做到的而愧疚。

作这个心理练习的时候，你会看到，你并不是个失败者。相反，你是个人。你要应付数十种职责，你要忍受严重的镜像神经元接受匮乏，拜孩子们所赐（如果他们是青少年就更是如此！），你作出让步，因为你是个有爱心、愿意付出的人。所以，让自己歇口气吧。事实上，你应该赞扬自己，为了你已经做对的很多件事。

快速有力的"同理心催生法"会扫清你的愧疚感，而这些愧疚感阻挡了你的视线，让你无法清晰地看到目标。还记得我在第 3 章中讲到的吗，如何摒弃固有想法，用全新的眼光看待别人？对目标来说也一样，有时候我们树立目标的初衷是错的（比如，"如果我不当医生，我老爸会很失望的"；或者是"我家人人都有博士学位"。），之后却从没回头想想这对不对。另外有些时候，我们的生活往前发展了，可目标还留在原地，我们需要把这两者统一起来。

在分析目标的时候，要避免掉入“期望陷阱”，也就是说，不要有这种想法：“我要想过得幸福或成功，就必须做到某事（或者千万不能做某事）。”比如说，你责怪自己没拿到 MBA 学位，但是，要想过得成功幸福的话，非得现在拿到学位不可吗？能不能换个方式，比如说，在未来几年内通过网上学习拿到学位，却收获同样的满足感？

还有，不要把“合理”与“现实”混淆起来。合理的意思是“有道理”，而现实指的是“有可能做得到”。例如，1 月 1 日你决定去注册 MBA 课程，以后再也不冲孩子大声嚷嚷，并且开始跑马拉松，这些都是合理的，但多半不太现实。挑出一个有可能实现的，然后集中精力去做，这反倒更为合理。

选定了目标之后，使用下面的方法来实现：

- **制订具体的目标。**我会请客户把行动步骤一个个写出来。就像出门之前在 GPS 上设定路线一样，这能帮你看见需要走的道路。
- **把目标写下来。**把这些东西准确地写出来：为了取得成功，你需要开始做什么事、停止做什么事。把想法写在纸上，会加强你实现目标的决心。
- **把你的目标告诉某个人。**给你尊敬的某个人打电话，讲明你想作出的改变，请此人每两周给你打个电话或发个邮件，看看你的进度如何。你肯定想留住此人对你的尊重，这可是个让你履行承诺的强大动力。如果你打算这么做，要记得送给人家一个重量级的感谢，答谢对你的帮助，同时也要找机会报答对方。
- **勿让“有毒”的人阻挡你。**重读第 2 章法则 9，找出任何可能会动摇你的决心，或削弱你自信心的人。如果可能的话，在朝目标努力的过程中，避开他们。
- **别着急。**如果你是在改掉坏习惯，或养成新的好习惯，要牢记这一点：一种新的行为转化成习惯，需要 3 ~ 4 周的时间，而习惯转化为下意识的行动，则需要大约 6 个月。对自己耐心点。

如果你想改掉坏习惯，可以使用第 3 章填空法中讲到的“永不”法。例如，假如你又因为女儿没干完家务活儿冲她发火一通，你的“永不”可能是这样的：

- **如果我有机会再做一遍，我会采取的不同做法。**我不会冲着婕米大嚷，而是使用同理心催生法，我会这样问她：“要是小狗点点特别饿了，特别想吃晚饭，可你却走出门去没有喂它。要是它会说话，你觉得它会怎么说？”或者“爸爸工作累了一天回到家，却因为你忘了洗碗而没法休息。他真的需要放松一会儿，可是还得替你干家务活。如果我问他有什么感受，你觉得爸爸会怎么说？”（这不是要勾起孩子的内疚，而是同情心训练。）如果这办法不管用，我会试试立场转换。例如，我会对婕米说，“我知道我总是抱怨你，家务活啊，作业呀，衣服样式呀什么的。其实妈妈也不完美。所以，我不想再抱怨一遍，而是想为了我做得不好的地方跟你道歉。我觉得你可能不喜欢我……”如果我使用这个方法，就有可能在婕米心里唤起足够的同理心，让她想要多做些事情来回报我。

- **我会采取不同的做法，因为冲婕米大吼没有用。**这只会让她也冲我大吼。我没有解决问题，反而弄得全家不高兴。

- **如果按照 1 ~ 10 打分的话，下回我要采用新方法的意愿是 10 分。**

- **监督我这么做的好人选是老公道格。**因为婕米不干家务弄得他跟我一样郁闷。可他也很讨厌下班回家后每个人都气得要命，家里的气氛紧张兮兮的。所以，解决这个问题对他来说也很重要。

正如我在第 1 章中讲过的，我们都是独一无二的，因此，跟自己沟通的时候，多尝试几种方法。例如，试试“不可能问题”。问问自己，“我同意，那事是不可能的。那么，怎么干会让它成为可能呢？”如果有了答案，去做吧。

最重要的是，朝目标努力、培养更多好习惯的时候，你要避免踏入第二种期望陷阱。如果你强烈指望做成一件事，那它要是没实现，你会有幻灭感。如果你期望一件事，而它没实现，你会有失败感和失落感。但是，如果你希望这件事能成，做的过程中也明白它有可能成不了（或是需要的时间比你预想的长一点儿），你就能享受你的胜利，并且会把挫折看做是帮你走在正轨上的力量。

## 六步暂停法

我们自己的冲动行为往往会成为实现目标的障碍。下面教你个小窍门，这是第 2 章法则 1 中“从‘噢，完蛋了’到‘对，就这么办’”的姊妹法则，能够防止你在追求人生或职业目标时行差踏错。我称之为 6 步暂停法，它会把你的大脑状态从小蛇和老鼠切换成人类。以下就是它的步骤。

当你觉得自己开始偏离方向的时候，比如说，你在尽力争取某位同事的支持，可你忍不住想冲他大发脾气，或是你戒烟已经 6 天，而现在满脑子想着跑到小店去买包烟，那你就照着这 6 步来做：

1. **练习对身体的觉知。**辨认身体的感觉，比如紧张感、心狂跳、强烈的渴望、头晕。准确地感知它们，给它们起名字。这会帮你掌控它们。

2. **练习对情绪的觉知。**把身体的感觉与情绪联结起来。例如，对自己说，“我很生气”，或者是“我很绝望”。给情绪命名，这会防止第 2 章中讲到的杏仁核劫持的现象出现。

3. **练习对冲动的觉知。**对自己说，“这种情绪让我想 ______。”觉察自己的冲动，会帮你抑制住它。

4. **练习对后果的觉知。**回答这个问题：“要是我一时冲动去做了，会发生什么事？”

5. **练习对解决办法的觉知。**完成这个句子：“更好的做法是……”

6. **练习对好处的觉知。**对自己说：“如果我采取了这个更好的做法，好处是……”

等到你做完这6个步骤，你就会知道自己要怎么做才能保持正确的方向，避免做出有巨大潜在风险的崩溃举动。而且你会变得足够冷静，可以倾听内心的忠告了。

这个方法也特别适合教给孩子。因为小时候形成的习惯，往往会深植在他们的性格当中。长大以后，这个方法能够帮助他们在压力面前保持冷静和镇定。

### → 想想看

处境艰难的时候，想想那些关心你的人会对你说些什么，把这些话说给自己听……然后相信这些话。否则，你就辜负了他们的爱。

### → 做做看

如果你是那种难以认识到自身长处的人，你可以试试这个有趣的做法：找别人告诉你，你的长处在哪里。跟某个佩服你的人说话的时候，问问对方：“你佩服我哪几点？”对方回答的时候，仔细思考他或她的话，好好享受这种感觉。过会儿之后，这样回应，“哇！谢谢！（暂停一下），还有哪几点呢？”你挖掘得越深，就会越觉得有活力（还有感激），当你回去朝着目标努力的时候，也就越有劲头。

# 运用 7　如何接近大人物

想要取得事业成功，比你知道什么和你认识谁更重要的，是谁真正认识你，以及他们是怎么认识你的。

——伊凡·米斯尼尔

BNI 创始人

**情境：**我是干市场营销的，我很想拉到几个大客户，因为我觉得这是晋升的最快途径。可是，我完全不知道怎么去结交这些富裕的名人。如今，像我这样的小人物想要突破大人物身边的重重人墙，有这个可能吗？

如果你从事的是客户发展、销售或市场工作，你有个艰巨的任务：让彻头彻尾的陌生人愿意听你说话。如果你需要接触那些有权有势的人（他们身边总有几十个“把门的”，看守得严严实实的），这就更难了。

打陌生的拜访电话，还有其他接触陌生人的技巧，这些值得写上一整本书，没错，我现在正写着呢！可也有几个快速的小窍门，能够迅速地帮你把六度分隔理论（Six Degrees of Separation，也称六度空间理论或小世界理论，这个猜想说的是，最多通过 6 个人你就能够认识任何一个陌生人。——译者注）里的 6 变成 0。

## 创造一对一的交谈机会

首先，使用我向史泰博的汤姆·斯坦伯格自我介绍的那种方法（请见第2章法则4）。位高权重的人经常参加各类研讨会，发言结束的时候他们通常都会请听众提问，因此，去参加这种会议，提出正确的问题。抓住机会之后，要谨记你的任务是凸显对方是个很有趣的人物，并且问出他们想要回答的问题。你的目标是让这些人有面子，从而创造出镜像神经元的同理心，并鼓励他们产生回报你的愿望，所以，别显摆自己，错失良机。

为了提高成功率，你可以去参加慈善义卖、新书签售或是其他能跟VIP面对面的机会。如果有创意，你总能想出办法，让对方感受到你的理解，哪怕是在一个相当公开的场合。如果你能做到这一点，你就与对方迅速建立起了情感纽带。

例如，有次我作为演讲嘉宾，参加美国企业成长协会（Association of Corporate Growth）在加州比弗利山举办的年会。会议前夜，演讲者们可以去参加酒店主办的鸡尾酒会，互相认识一下。演讲嘉宾中最成功的人士是芝加哥的亿万富翁迈克·海斯利（Mike Heisley），他是NBA孟菲斯灰熊队（Memphis Grizzlies）的老板，还管理着好几个公司。显然每个人都想引起他的注意，上去跟他打招呼的人排成了长队。我跟他碰到面的时候问了一句："你从你父亲那儿学到了哪些成功经验？"

迈克顿了一下，停下了跟其他人的交谈（让他们很郁闷），不由自主地拉过两把椅子，请我坐下。随后，他说起父亲教他如何谈交易，要让交易中的每个人都有最大收益，而不是光想着自己。他说，"我父亲如此相信我，认为我不占任何人便宜也能成功，我真想谢谢他的信任。他令我想做一个好人，我也认为自己做到了。"

我知道，领导者们往往会从父母那里学到很有价值的东西，学到哪些事该做，哪些事不该做。所以我给了迈克一个机会，让他再度感受到对父亲的感激。这种温暖的感觉让他在会后敞开心灵倾听我的话。

## 利用网络

然而，会议并不是接近大人物的唯一途径。感谢网络这东西，你可以在线上与大腕或名人接触，特别是当你记得那个核心原则时：人们希望得到别人的理解。

我是在我的第一本书《摆脱你的坏习惯》（*Get Out of Your Own Way*）出版之后深有同感。那时，我发现写一本书就像是孕育生命：你希望孩子聪明、漂亮，人见人爱，可你不知道结果会怎样。你还会去查看人们的评论（很可能查得太频繁），看看外界如何评说你。此外，你会去点击讨论你智慧结晶的博客和讨论组。我亲身领略了那种刺痛的滋味，偶尔看到一条负面的甚至是卑鄙的评论，心里可真不好受。另一方面，看到有人真的理解我的时候，那感觉真是开心啊。

在我意识到这种自恋情绪（但相当自然）后没多久，有个朋友送了我一本 *Parade* 杂志 CEO 沃尔特·安德森（Walter Anderson）所写的《自信课》（*The Confidence Course*）一书。朋友说我会喜欢这本书，也会喜欢这位作者。朋友说得对。然而，我去亚马逊上查了查，发现没有一个人给这本好书写评论。

于是我写了第一条，不是那种“我喜欢，力荐”的简单评论，而是花了工夫和心思写了一段。我从沃尔特的书中得知，他和父亲的关系不曾如他理想中那般亲密，这让我想起了我跟我父亲的关系，于是我告诉沃尔特，他从来没有得到过父亲的关爱，可他对读者却展现出了慈父般的情怀。我的话是发自内心的，也深深触动了他。最后，沃尔特和我成了朋友。

所有的人（不管多有权势），都会上网去搜索自己的名字，而且在网络上，你和他们之间没有“守门人”。我知道，很难设想光彩照人的名流或权倾朝野的商业领袖会穿着睡衣在谷歌页面上查自己的名字，但相信我，他们真查的。

## 接近守门人

如果你在打陌生拜访电话，当然了，你不会轻易地找到 VIP，因为守门人就把你拦在外头了。他们的工作就是阻拦你，正因为这个，和他们建立关系是至关重要的。让那个人成为你的盟友，而不是敌人，那你想什么时候见大人物，就能什么时候见啦。

想要做到这一点，你要知道：

- 守门人对 VIP 的成功来说至关重要，理应得到认可。
- 守门人多半和 VIP 本人一样有趣，如果你注意到这一点的话，他或她会感激你。
- 守门人多半忍受着严重的镜像神经元接受匮乏，因为他们天天要忍受一肚子不高兴的人们的谴责，却只是因为他们尽责地做好了保护老板的工作（但老板八成不会太感激）。

有了这些事实作武器，你就可以准备进入 VIP 的堡垒了。例如，我曾给美国最有权势的 CEO 的助理打过一个两分钟的陌生拜访电话。（出于显而易见的原因，我已经更改了人名和其他标志性的信息。）

“你好，是乔安吗？”我在电话里问。

“谁呀？”她答道。

“是乔安·尼尔森吗？”我继续问。

“你是谁？”她回答。

“是那个著名的乔安·尼尔森吗？泰德·博克在他的畅销书《卓越领导人》中写到并感谢的那一位？”我坚持不懈。

“我是，你是谁啊？”乔安回答说，一半儿心烦，一半儿开心。

“我是马克·郭士顿博士，是个精神科医生，书籍作者和专栏作家，还是……”我开始说，然后乔安插话了。

“哟，我们这儿有你这种人才就好了！”她感叹道。

“放轻松，乔安。没事的。深呼吸，”我拿出医生的口吻。

“你放轻松试试！你天天跟个疯子待在一块儿试试。”她继续说。我运气真好。

“乔安，没事的。你只需要对付一个。我每个小时就要换一个来对付呢。你还有自己的生活吧？”（之所以问这个问题，是因为我知道绝大多数有权有势 CEO 的个人助理都鲜有自己的生活。）

“还自己的生活呢，我都没空养条活狗。我门口摆了个陶瓷的可卡狗。”她说。

“哦，我知道，这种狗跟孩子们相处得很不错，”我接着跟她逗乐。

“想知道它叫什么名字不？”她迅速地接上话茬。

“当然了。”我说。

“它叫‘不许动’。”她说道，我们两个都大笑起来。

我继续解释说，我写了一篇文章，认为她老板可能会感兴趣，电话号码是她老板的编辑给我的。这次通话后，我给泰德写了下面这封信，附上了我的文章。我知道乔安会看到它。

亲爱的博克先生，

等我有了钱，第一件事就是去雇个像你的助理乔安这样的人来保护我，免受我这种人叨扰。她肯帮忙，很风趣，却又忠心耿耿地保护着你。

我希望她知道，对你来说她是多么重要，也希望你不会犯跟我一样的错误，有时我会忘记感谢那些把我的人生变得更美好的人，因为我不得不对付那些把我的人生变得不美好的人，如果是这样的话，你应该很清楚她的价值。

……

4 天后我打电话过去，看看我的信到了没有。

“你好，乔安，我是郭士顿医生。不知道你是不是还记得我，前两天咱们通过电话。”我说。

“我记得你。”乔安的话音里带着暖意和开心。

“我想问问泰德有没有收到我寄来的东西。”我继续说。

“收到了，马克医生，我们收到了，老板在外头度假呢，我把东西寄了过去，除了那封信。”她说。

我有点紧张，插嘴问道：“是吗？”

“是啊，我把那封信拿出来，在电话里给他念了一遍！”她得意地说。

由于那通电话和那封信，乔安和我成了好朋友。如果我想要找泰德，她很愿意替我转进去。

所以，你现在学会了不少很好用的技巧，帮你去接近那些你认为不可接近的人。所有这些方法都很简单（如果你有足够勇气的话），并且全都建立在三个基本原则上：让人们觉得自己很有趣；让他们觉得自己很重要，最关键的是，让他们感受到你的理解。

为什么这几条会有用？那是因为在光彩、金钱和权势之下，大人物和他们的员工跟普通人没什么两样，他们也是人。只要愿意尝试，你可以接近任何人。

### → 想想看

在那些最难接触到的大人物内心（他们小心翼翼免得被叨扰），藏着一个渴望被触动的人，以正确的方式。

### → 做做看

你最崇拜谁？最想见谁？在网上搜搜，看此人在哪里演讲，你能不能弄到邀请函。或者，如果这个人出了书，在亚马逊或其他书评网站上发一篇“重磅评论”。如果你有博客，就写下这个人如何改变了你的思想或人生。同时，运用社交网络和商业网络，如 Facebook、Plaxo、LinkedIn、Twitter 发表好评。

# 后记

跟别人沟通的一个诀窍就是让自己成为容易沟通的人，读者跟我沟通的时候，我总是很高兴。如果你运用了本书中讲到的方法，我很愿意听听它们是如何帮到你的。你也能在 www.markgoulston.com 的网站中找到更多沟通工具。

结束前，我要再说一句：谢谢你！现在你知道了，把重量级的感谢送给让我的人生更美好的人，我可是很拿手的。你偶然读到了这本书，并且有勇气运用学到的东西来改变人生，你就已经馈赠给了我一个精神科医生所能得到的最大荣耀：你让我感到，我对你的人生产生了积极的影响。我希望你跟我有同感，这些新学来的知识很强大、很有益，我也希望你能取得巨大的成功，工作上、生活上……在任何领域里。

# 郭士顿医生主题演讲与研讨会

## “只需倾听”：掌握秘密新武器，与任何人沟通都没问题

如果你真心想跟别人沟通，重要的并不在于你告诉别人什么，而在于你让别人告诉你什么。掌握这些简单的工具，与谁沟通都可以。

想避开某个人或某件事？无论什么对象、原因、场合、时间，教你游刃有余地处理不愉快的会面。

并不是人们不愿意直面某些人，而是他们不知道该用什么方法才不会造成痛苦。郭士顿医生教你如何处理不愉快的会面，这些方法适用于任何对象，任何场合，它们不会把情势搞得更糟，绝大多数情况下，还会令形势好转。一旦你学会了这些处理冲突的“无痛”秘诀，你就可以顺畅地应对一切棘手的人和事，无论问题发生在当下，还是发生在很久以前，让你摆脱羁绊，顺利地向前走。

## 勇敢起来

安逸的日子过得太久，你这辈子必将过得保守又安全……却也充满遗憾。为什么？因为你将像无数人一样，不是懊悔自己做了什么，而是没做什么。现在，就来学习如何改变吧，掌控自己的人生！（这个地方有个转折，前头应该是褒义，所以我加了一点儿）

## 浪费潜力太不该——如何摆脱自身的坏习惯（并帮助他人做到这一点）

天灾是没法避免的，但悲剧可以。人生最大的悲剧之一，就是走到尽头时发现这辈子本该过得更精彩，可是你没有；有些事情本来能躲开，可是你

没有；本该取得更多成就，可是你没有。而这一切只是因为你没能摆脱自己的坏习惯。郭士顿医生告诉你如何做到这一点：克服那些自拖后腿的行为习惯，并且帮助别人做到。

## 如何活出最为丰盈的人生

走到人生终点时，回头看去，了无遗憾。你的人生中，这样的几率是多少？如果你想提升这个数字，你会想听郭士顿医生告诉你，如何活出了无遗憾的人生。

## 打破人与人之间的藩篱

有人说“世界是个隔都（Ghetto，相同种族或背景人的聚居区。——译者注）”，这话不正确。世界是个筒仓。除非你有办法打破人与人之间的藩篱，它把公司里的人们分隔开，把你和客户、顾客、投资人分隔开。你的公司永远做不到创新、合作，永远拿不出巅峰表现。在这个高度互动的演讲中，郭士顿医生以丰富的经验来帮助你打破人与人的藩篱，你将会以从未设想过的高效率与别人沟通、合作、互动。

**欲获得更多信息，请联络马克·郭士顿。**

**网址：** http://markgoulston.com　　http://justlistenthebook.com

**邮箱：** info@markgoulston.com

**免费资料：** http://markgoulston.com/resources

[英] 乔恩·斯蒂尔　著
田丽霞　韩　丹　译

重庆出版社
定　价：28.00 元

**获得联合利华、百事可乐、苹果、三星、惠普、索尼、保时捷等顶尖名企广告合约的“陈述圣经”**

**用简单实用的陈述获得赞同和成功**
**以生动简洁的推介赢得订单和商机**

你是否遇到过以下情形：

- 全情投入阐述观点，听众却不知所云；
- 设计出绝佳创意方案，客户却无动于衷；
- 竭力推销最新产品，顾客却毫不买账；
- 台上讲得天花乱坠，台下听众昏昏欲睡。

如确有其事，请把本书送给自己或他人，相信一定会出现意想不到的结果。

**全球广告巨头奥美环球 CEO　北美最大的独立媒体服务公司克拉美国 CEO**
**全球第二大消费用品制造商联合利华市场营销总监　美国著名创意公司马丁广告总裁**

**|联袂推荐|**

---

[美] 大卫·李柏曼　著
苏　西　译

重庆出版社
定　价：26.80 元

## 揭秘美国 FBI 培训间谍的读心术

**国际畅销书《看谁在说谎》作者又一力作**

### 如何成为人见人爱的沟通高手

本书切入各种看似微不足道却常引发困扰的人际互动问题、传授你轻松的心理妙招，让你不再有老被占便宜、意见没人听的无力感，真正享受“自己的人生自己决定”的超快感！

**现在就准备好，让你的生活变得轻松容易吧！**

# 短信查询正版图书及中奖办法

A. 电话查询

1. 揭开防伪标签获取密码，用手机或座机拨打 4006608315；
2. 听到语音提示后，输入标识物上的 20 位密码；
3. 语言提示：你所购买的产品是中资海派商务管理（深圳）有限公司出品的正版图书。

B. 手机短信查询方法（移动收费 0.2 元 / 次，联通收费 0.3 元 / 次）

1. 揭开防伪标签，露出标签下 20 位密码，输入标识物上的 20 位密码，确认发送；
2. 发送至 958879(8)08，得到版权信息。

C. 互联网查询方法

1. 揭开防伪标签，露出标签下 20 位密码；
2. 登录 www.Nb315.com；
3. 进入“查询服务”“防伪标查询”；
4. 输入 20 位密码，得到版权信息。

中奖者请将 20 位密码以及中奖人姓名、身份证号码、电话、收件人地址和邮编 E-mail 至 szmiss@126.com，或传真至 0755-25970309。

一等奖：168.00 元人民币（现金）；
二等奖：图书一册；
三等奖：本公司图书 6 折优惠邮购资格。
再次谢谢你惠顾本公司产品。本活动解释权归本公司所有。

# 读者服务信箱

**感谢的话**

谢谢你购买本书！顺便提醒你如何使用 ihappy 书系：

- 全书先看一遍，对全书的内容留下概念 。
- 再看第二遍，用寻宝的方式，选择你关心的章节仔细地阅读，将“法宝”谨记于心。
- 将书中的方法与你现有的工作、生活作比较，再融合你的经验，理出你最适用的方法。
- 新方法的导入使用要有决心，事前作好计划及准备。
- 经常查阅本书，并与你的生活、工作相结合，自然有机会成为一个“成功者”。

<table>
<tr><td rowspan="8">优惠订购</td><td colspan="2">订阅人</td><td></td><td>部门</td><td></td><td>单位名称</td><td></td></tr>
<tr><td colspan="2">地址</td><td colspan="5"></td></tr>
<tr><td colspan="2">电话</td><td colspan="3"></td><td>传真</td><td></td></tr>
<tr><td colspan="2">电子邮箱</td><td></td><td>公司网址</td><td></td><td>邮编</td><td></td></tr>
<tr><td colspan="2">订购书目</td><td colspan="5"></td></tr>
<tr><td rowspan="2">付款方式</td><td>邮局汇款</td><td colspan="5">中资海派商务管理（深圳）有限公司<br>中国深圳银湖路中国脑库 A 栋四楼　　邮编：518029</td></tr>
<tr><td>银行电汇或转账</td><td colspan="5">户　名：中资海派商务管理（深圳）有限公司<br>开户行：招行深圳科苑支行<br>账　号：81 5781 4257 1000 1<br>交行太平洋卡户名：桂林　　卡号：6014 2836 3110 4770 8</td></tr>
<tr><td colspan="2">附注</td><td colspan="5">1. 请将订阅单连同汇款单影印件传真或邮寄，以凭办理。<br>2. 订阅单请用正楷填写清楚，以便以最快方式送达。<br>3. 咨询热线：0755−25970306转158、168　　传　真：0755−25970309<br>E-mail: szmiss@126.com</td></tr>
</table>

→利用本订购单订购一律享受 9 折特价优惠。
→团购 30 本以上 8. 5折优惠。